中華書局

些子往事

香港的盆景藝術與文化史

何頌衡　何芷穎——著

香港浸會大學近代史研究中心專刊 7

目錄

李金強序

被譽為「無聲的詩，立體的畫」之盆景，乃藉樹木、小石、水土為素材，以藝術手法、創設造型、精心養護而重塑大自然山林景色於盆皿中，使大自然景致之「絕色」，再生而成一具有新生命之藝術品，以之陳列，供人鑒賞，成為中國園林藝術文化重要之一環，深受士商平民百姓之喜愛，由是久傳。逮至近代，以廣州嶺南盆景及上海海派盆景，最具特色。香港盆景即由此而生，尤以嶺南盆景為主流，遂得傳承與流衍。

二〇一九年，好友李啟雄邀約前香港歷史博物館總館長丁新豹與余，同至上水古洞金錢村石苑參觀。石苑為香港盆景雅石學會之所在地，乃由該會成員：永隆銀行創辦人伍宜孫（1900-2005）、恒生銀行前總經理黃基棉（1924-1996）等，於上世紀八十年代覓地籌款建成，為香港盆景界之盛事。石苑之修建，內具亭台樓閣、小橋流水，並具山林奇石，恍如一幅巨型之盆景，堪稱勝地、勝景。而石苑內設盆景展覽及培植區，藉此推廣，尤見心思。參觀時，獲告知該苑曾為不少香港電影取景之處。參觀後，又獲該會主席藍戊發宴請於沙田排頭村之酒樓。相談之下，始知踏入二十一世紀，香港盆景界漸見式微，而此一傳統中國可貴之園林藝術文化，後繼乏人，此新一代愛好者不多之故，出現斷層，頗多感喟。藍主席並盼能於香港重振此一傳統文化藝術。余即告知浸會大學對盆景文化亦見重視。此乃 2005 年在善衡校園金城道創設文農學圃，乃由該會之伍宜孫及其家人捐贈而立，展覽伍氏其所屬之盆景、盆栽。尤記當年二月二十四日文農學圃新址，舉行啟用儀式之時，員生群集，川流參觀，亦為大學之盛事。故於席間允諾設法推廣香港盆景文化。

何頌衡、何芷穎二人曾從余遊，並於歷史系任職，皆對香港史研究，具備素養。因欲推廣盆景藝術，故建議二人以香港盆景史為題，向衞奕信基金會申請年度研究資助，二人遂行申請，得獲基金會接納。二人起而研究此一課題，經年成書。此一新著，實為當前學界罕見之作。全書透過香港盆景發展脈絡，由中西文化交接入手，展示香港盆景藝術之起源、發展、興盛及走向式微之歷程。進而點出香港盆景界先有海派周世勳，繼有傳承嶺南盆景一脈之「人師」——伍宜孫、黃基棉、侯寶垣（1914-1999）三人，承先啟後，另創新猷，並於海內外推動盆景展覽，使中國盆景藝術得以揚名世界，從而使西方認識盆景起源於中國，而非日本（盆景的英語是 Bonsai，來自日語「盆栽（ぼんさい）」，故而很多人誤以為盆景起源於日本），使中國盆景普受國際園藝界的關注。尤有進者，中國內地於六十年代掀起文化大革命，推行破四舊運動，排拒傳統文化，連累盆景亦受打擊。幸而在香港得以傳承而獲保存，使盆景藝術及文化得於改革開放後，於內地重現生機及發展。該書無疑為香港盆景歷史揭起研究之新一頁，深值重視。至盼此書流通，重燃本港新一代對盆藝術及文化之熱情，不負上世紀末香港士商平民以至民間宗教界，對中國盆景之傳承及熱愛。

李金強
香港浸會大學歷史系
近代史研究中心
二〇二二年十月十五日

李啟雄序

心室自有山林趣
胸無塵俗與罣礙

記憶猶新，從篳路藍縷中的新舊文化，在兩者之間取得融合，深信乃良緣天賜。由初想到落實籌辦此事，席間數年之久，當中有幸穿插箇中大小，期間承蒙各界賢士的慷慨與支持，才得以順利前行、幸託至今喜獲一定成果。雖則未能在此逐一言謝，憑藉機會再衷心向諸位賢能的潤物無聲、醍醐灌頂，皆一一表示誠懇的感謝與敬意。

⌘ 壹

此書秉承各方賢能之說，我國中土盆景雅石之源，始於晉唐，及至明清極盛，足見已具有千年歷史。其書中着墨覆蓋年代史料猶多，惟擇善隨筆、刪削冗長、舉撮機要，卓裁精述，結集成本。筆者並從遠近、先後有倫之研究與探索，深信對日後盆景雅石之繼往開來定有所裨益。

罕侃素敘，書中提及盆景之妙往往被視為「雅奇」之物。言之鑿鑿、昔日我國不堪的烽烽火火抗日戰爭中，霎時頓成救國義賣之珍品，觸發滿腔憂國之情、四方善長皆集籌善款救國，此為一「奇」。

另又好一段日子，踏入二十世紀初，香港在華洋並陳、共處共融下。當時香港衛生問題糾結，港英殖民政府透過舉辦「花展、園藝盆景展等」之文化活動，藉以教化市民、並提倡粉飾生活，改善當時市民大眾對衛生意識與市容面貌的追求。此況又促成救國救民之異曲同工妙用，此為一「雅」。

⌘ 貳

盆景雅石之歷史文化，其歷程不僅是一種回顧與修復，更甚於睿雅精修、是人一種生活於自然裏必須的「一吸一呼」靜神養氣，整除散亂之心。

一吸；為何物？

如實者，史中有前事、現事、將事，事事非同尋常，書中一頁、別人一生。

一呼；為何物？

如虛者，有舉重若輕、上善若水之智慧，此乃對大自然神秘奇妙互生的領悟。

⌘ 叁

言簡意賅、發人深省，書中大慈善家伍宜孫先生的一席話：「除非我國百尺竿頭再進一步，否則一百年之後，執世界盆景牛耳者，恐非中國、更非亞洲，而是後來居上之美加，將來有禮失求諸野。」此話；凡入一流者，必然餘音不絕，令吾輩後學讀其書，欲見其為人。

⌘ 肆

最後，書中優點許多，待諸賢細品、且難分伯仲，全憑諸君喜好，因而不取賦一類追求辭藻華麗，當中情真意切，沁人心扉。落墨間粗憑與時並育，吾今學輩接受新式教育底下，如何看待「古法、古思、古物、古情」。當中對此書的字墨觸覺與吸收，蘊含如埏埴巧工、精華遊走，盆中有景、景隨步移 ，自然「理」、自然「美」之妙悟。

繼而講述各「名人名言」背後故事，豐富讀者的知識，更能列舉印證諸位名人雅士有關「嶺南盆景雅石文化」的歷史事例，深淺相宜、睿見珠璣。讀者能在最精妙的時間裏，領略到經典名人對中華文化的傳承與精髓，並可汲取前人的智慧。洋洋讀出典故中蘊藏無限「溫良與敬意」。

談笑有鴻儒
往來無白丁

李啟雄
嶺南文化盆景雅石顧問
華南茶農與茶的自然文化講師
新亞研究所圖書館委員
二〇二二年 初冬

自序

走在浸大校園，來往新舊校之間，常常經過一處盆景園，但匆匆忙忙，誰會停下腳步，欣賞看看？ 2020 年夏，在業師李金強教授的牽引之下，我們受邀至上水石苑一遊，頓時為之震撼，多少驚人的盆景，使人感受到自然的奧妙。然而，回過頭來，誰曾想過盆景與我們是這麼近，又是那麼遠。

在此契機下，我們開始對香港盆景文化的發展歷程感興趣，但有感當前尚未有相關研究，因此決定撰寫此書，以香港盆景藝術與文化史為主題，發掘當中的趣味。盆景在元代被稱為「些子景」，寓意以植物創作出些微的景觀，因此我們借用這個概念，把書名定為「些子往事」，剛好意味着此書的目標是整理和結合一些零碎的過去，從中揭示它與香港社會發展的密切關係。

在撰寫過程中，曾遇上不同的困難，幸得許多人士的幫忙，才能一一解決。由於我們還是盆景的初學者，感謝香港盆景雅石學會主席藍戊發先生、副主席邱泰來先生和凌略先生的無私教導。此外，李金強教授曾就此議題，提出了不少寶貴的建議，使我們受益不少。同時，很感謝李啟雄先生的協助與奉獻，若沒有他的參與和支持，我們實難以完成此書，尤其是幫助我們邀約多名受訪者。當然，我們必須向藍戊發先生、伍步功先生、黃靜儀女士、周和來道長、凌略先生和黃澤榮先生致謝，他們在百忙中抽空接受訪問，為我們解答各種疑惑，替本書內容增添色彩。除此之外，我們不得不向中華書局（香港）有限公司編輯同仁致上感謝，一路上為我們排憂解難。最後，此書得以出版有賴衞奕信勳爵文物信託的資助，感激信託對我們的信任與支持。

何頌衡
何芷穎
香港浸會大學
二〇二二年十二月七日

導論

盆景與歷史

先此聲明，這本書並不會講解如何製作盆景，而是講述香港盆景藝術的歷史。

為了寫這本書，我們曾經訪問了不少盆景家。對他們而言，這部書是必要的，因為這是他們的記憶和歷史。但對於一般讀者來說，讀這本書，和我們寫這本書，面對同一個問題：香港盆景歷史與我們有什麼關係？

忽視這個問題的後果嚴重，會使這本書失去與現實社會的連結，也失去在學術上討論的意義。因此，我們首先要解決的是：香港盆景歷史有什麼重要性？這本書建基在以下的假設：在二十世紀下半葉，香港的盆景藝術曾經出現一段輝煌時期。一批盆景家通過他們的耐心與創造力，一方面將中國盆景推至國際，另一方面改造了中國盆景的內涵和技藝。在這個導論的首部分，我們會將從國際脈絡來看香港的盆景藝術，從而開展這本書的討論。

第一節　國際脈絡下的香港盆景

長久以來，東西方的貿易促進了兩個世界的藝術交流，東方元素的魅力不時對西洋藝術造成不同程度的影響，哪怕很多時候摻雜的只是歐洲人對「異域」的想像、拼貼和組合。通過貿易，中國的書畫、瓷器等藝術與消費品輾轉被介紹至西方，建築及各式的藝術特色通過想像被「再現」於文藝復興以後的藝術當中。可是，盆景作為一種流行於東亞的藝術，卻滯後在交流與想像之中。十九世紀，不少歐洲人在中國和日本接觸到盆景時，雖然對這些造型別緻的小樹感興趣，但一直困惑於如何把這門興趣帶回他們自己的國家，因為這不是普通的園藝，他們甚至稱盆景背後的文化精髓為一種難以捉摸的「魔法」(The Magic of Bonsai)。[1]

上世紀五十年代，隨着日本在第二次世界大戰中戰敗後被美國短暫地接管，兩國關係變得密切，盆景藝術也因而被系統性地介紹到北美地區。[2] 最明顯的變化是，不少日本盆景家的著述被翻譯成英文，一些美國園藝家也開始嘗試認識盆景並出版著作，使北美的愛好者能有序地學習盆景的歷史、選樹的原則、造景的精神等等一系列過往被視為「魔法」的知識。[3] 一時盆景在美國西岸興起，並迅速吸引整個

---

1 Claude Chidamian, *Bonsai: Miniature Trees* (Princeton, Toronto, London and New York: D. Van Nostrand Company, 1955), p.5.

2 Doug Hawley, "History of the ABS and Bonsai in America, Part 1: 1800's through 1967," *Bonsai: Journal of the ABS*, Vol. 51, No. 1 (2017), pp. 6-19.

3 舉例而言，曾受學於英國邱園 (Kew Gardens) 的日本著名植物學家八代田貫一郎出版了多部書籍，介紹日式盆景及園林藝術，參見 Kan Yashiroda, *Bonsai, Japanese Miniature Trees: Their Style, Cultivation and Training* (Newton, Massachusets: Charles T. Branford Company, 1960) 。另外，他也參與編輯 *Handbook on Bonsai: Special Techniques*、*Handbook on Dwarfed Potted Trees* 及 *Handbook on Japanese Gardens and Miniature Landscapes* 三書，皆由美國紐約布魯克林植物園出版。此外，日本盆景家小出信吉等人，以日本盆景協會的名義出版一書介紹，見 Nobukichi Koide, Saburo Kato, and Fusazo Takeyama, *The Masters' Book of Bonsai* (Tokyo, New York and San Francisco: Kodasha International Ltd., 1967)。至於美國人的著作包括 Geogre F. Hull, *Bonsai for Americans: A Practical Guide to the Creation and Care of Mimiature Potted Trees* (New York: Doubleday & Company, Inc., 1964)；Ann Kim Pipe, *Bonsai: The Art of Dwarfing Trees* (New York: Hawthorn Books, Inc., 1964)；Jerald P. Stowell, *Bonsai: Indoors and Out* (Princeton, New Jersey, Toronto, New York and London: D. Van Nostrand Company, Inc., 1966) 及 H. J. Larkin, *Bonsai for Beginners: The Arts of Growing Miniature Trees* (New York: Arco Publishing Company, Inc., 1968) 等等。

北美的園藝界，大量的盆景學會誕生。在五六十年代，北美地區開始發展出具當地特色的盆景藝術，但在風格上明顯受日本盆景影響，雖然一般認同盆景乃源於中國，但對中國的「魔法」仍然感到相當陌生。[4]

眼見在國際盆景界逐漸有只知日本而不識中國的錯覺，身在香港的嶺南盆景大師伍宜孫先生感到大為擔憂，續於七十年代致力將其所長之嶺南盆景技藝介紹至西方。[5] 或許對許多人而言，伍宜孫是香港永隆銀行的創辦人，是一位成功的銀行家，但他在藝術上的造詣同樣出眾，尤其擅長家傳嶺南派盆景。1965 年，他在旺角火車站附近建造了一個名為「文農學圃」的盆景園，不時免費開放公眾參觀。此後，他常常以「文農學圃」的名義參與各式盆景及花藝展覽，甚至在香港花展中獲勝，慢慢成為本地公認的盆景大師，甚至被稱為「盆聖」。[6]

1971 年，他受香港大學校外課程部邀請，在香港大會堂講解盆景藝術。這次演講可算是結集了他一生對盆景藝術的知識和心得，他以豐富的文獻資料講解了中國盆景的歷史源流，並詳細地介紹了嶺南盆景以畫入景的藝術風格及「蓄

---

4 Doug Hawley, "History of the ABS and Bonsai in America, Part 1: 1800's through 1967," pp. 6-19.

5 伍宜孫：《文農盆景》（香港：永隆銀行，1974 年第二版）。

6 設立文農學圃之沿革及花展中以盆景為人稱讚之事，可見上書。另外，《南華早報》在 1991 年訪問伍氏時，冠其以「盆景藝術大師」之美名，及後本港報章多有以「盆聖」稱之。見 Jerry Collins, "Master of 'Penjing' Art," *South China Morning Post*, 24 January 1991, p.48；〈縮龍成寸的妙韻首個盆景花園開幕〉，《香港經濟日報》，2000 年 7 月 12 日，C03 等等。

枝截幹」的技法。[7] 這次演講的對象雖然是香港人，但其影響力卻遠遠超越了地域的界限。由於他的目標是將盆景「發揚光大」，因此這次演講的講辭被翻譯成英文，以中英兩文的形式出版，並分送本地及「世界各大學、圖書館、盆栽會及同好者」。[8] 對於當時有關中國盆景資料極為稀缺的北美盆景界而言，頓時一套與日本盆景不同的技藝與哲學出現，他們開始對中國盆景有很大的興趣。[9]

與此同時，國際政治格局的變化使香港的盆景藝術進一步在七八十年代走向世界。由於中美關係在七十年代開始解凍，並在及後十多年間發展迅速，北美對中國文化的興趣也同一時期流行起來。不少文化項目成為中國與北美國家交流的外交活動，一時多個城市與中方合作在當地建立中式園林，同時把中國的盆景文化帶到西方的視野。更重要的是，中國有意將盆景作為一種具有象徵性的文化符號衝擊北美文化，包括把盆景贈送給訪華的美國總統尼克遜（Richard Nixon）。因此，對於當時熟知日本藝術的北美盆景界而言，

7 〈盆景藝術公開講座〉，《香港工商日報》，1971 年 2 月 2 日，頁 6；〈港人校外部公開講座 伍宜孫講「盆景藝術」〉，《華僑日報》，1971 年 2 月 2 日，2 張 4 頁。

8 伍宜孫：《文農盆景》，第二版，序。

9 Doug Hawley, "History of the ABS and Bonsai in America, Part 1: 1800's through 1967," p.10. 此外，1971 年，美國哈佛大學阿諾德植物園出版之期刊 *Arnoldia*，刊登了 Charles R. Long 的文章，介紹盆景的歷史。他一方面展示了盆景在日本的歷史，另一方面，他提醒美國讀者不要因為美國與日本的關係而只把盆景連繫到日本文化，並且忽略中國。他表示中日兩國的盆景皆擁有一段悠久的歷史，隨後提出不少歷史證據支持以上說法。事實上，他主要參考了伍宜孫 1971 年的公開講座及《文農盆景》一書，足見伍氏之影響力。見 Charles R. Long, "The Informal History of Bonsai," *Arnoldia*, Vol. 31, No. 5 (September 1971), pp. 261-73。

中國盆景便自然地成為熱哄哄的話題。[10]

八十年代期間，美國與加拿大的植物園同時籌備建立盆景展覽園區，可是即使有足夠的日式盆景，中式盆景卻相對欠奉，於是他們紛紛找上了伍宜孫。[11]1984 年 10 月，加拿大滿地可植物園園長 Pierre Bourque 及滿地可盆景學會會 David Easterbrooke 專程抵港拜訪伍宜孫，請求他將部分珍貴的盆景贈送滿地可植物園，並且向他討教一些嶺南盆景的技法與心得。本來，伍宜孫已經同意向華盛頓國立樹木園捐贈部分他珍藏的盆景，但由於美方在樹木入口準則上未有可行的辦法，因此這批盆景被願意放寬入口管制的加拿大捷足先登。在伍氏同意下，一批共三十盆的盆景被捐贈至滿地可植物園，由加拿大太平洋航空派出專機接送。[12] 當這批盆景抵達加拿大後，吸引不少北美的愛好者，同年 3 月至 5 月間的特別展覽，竟然為這個年平均 40 萬訪客量的植物園帶來 25 萬名訪客。[13]

對中國盆景發展史而言，六十年代後期至八十年代是一

---

10 Ann McClellan, *Bonsai & Penjing: Ambassadors of Peace & Beauty* (Tokyo, Rutland, and Singapore: Tuttle Publishing, 2016), p.45.

11 Ann McClellan 說明了這個情況。她指出雖然中國盆景的歷史比日本長久，但日式盆景卻比中式早十年被捐贈到華盛頓國家植物園，於是其園長 John Creech 曾在 1974 年到香港找伍宜孫商討捐贈事宜。Ann McClellan, *Bonsai & Penjing: Ambassadors of Peace & Beauty*, p.41.

12 有關事宜在加拿大被廣泛報道，包括：Stuart Robertson, "Bonsai Display among the Best Outside Asia," *The Gazette* (Montreal, Que), 28 March 1985, D5;David Wimhurst, "Collection of Tiny Trees Makes Big Impression," *The Gazette* (Montreal, Que), 23 January 1985, X3 等。

13 Ari Posner, "City Bonsai Collection Expands to 48; New Ones on Display for Christmas," *The Gazette* (Montreal, Que), 2 August 1985, A3

個重要的轉捩時期，不但通過香港將中國獨樹一格的盆景藝術推到國際，改變當時北美只知日本而不識中國的局面，事實上內地也透過香港尋回盆景藝術。主要的原因在於，在文化大革命期間，盆景因為是資產階層的玩物而多有壓制，不少盆景家遭到打壓，珍貴的盆景慘遭破壞，對盆景有興趣的人聞之卻步。[14] 文革結束後，民間對盆景的熱愛迅速回歸，可是在經歷一段停擺時期後，整個盆景界彷彿失去了方向。相反，香港的盆景家在六十至七十年代間，發展出許多別開生面的風格、造景與技法，因此在文革後香港的盆景藝術回到內地時，對他們的影響非常大。

雖然有關伍宜孫的盆景藝術及影響會在本書的較後部分詳述，可是通過他的故事，我們可以肯定一點：香港曾經是中國及國際盆景藝術的中心。基於上述的觀察，這本書建立在以下的假設：在二十世紀下半葉，香港的盆景藝術曾經出現一段輝煌期，由一批盆景家通過他們的耐心與創造力，一方面將中國盆景推至國際，另一方面改造了中國盆景的內涵和技藝。

第二節　藝術品．商品．民族符號

要了解盆景的歷史，便先要了解什麼是盆景，以及現時盆景學和歷史研究是如何定義盆景的。雖然盆景一詞被廣泛

14　徐曉白、吳詩華、趙慶泉：《中國盆景》（合肥：安徽科學技術出版社，1985年），頁15。

使用來形容通過在盆上養植及修剪植物而成為仿似自然景觀的藝術，但盆景從來便是一個空洞的概念，即使有一個較明確的意義，也是相當近代的事。歷來不少愛好此道的文人雅士皆曾通過文字介紹製作盆景之心得，以公諸同好，也同時為後世留下有關盆景的歷史紀錄。民國以降，陸續有研究者結集上述史料，並作系統性的介紹，同時也開始形塑當代盆景的意涵和定義。及至七十至八十年代，由於盆景起源之爭，更多園藝及歷史學者投入盆景史研究中，使華文學界累積了一定對盆景史的理解和方法。在這一節，我們會借助過去這些研究來為本書的主題作一個更具體的定義：盆景既是一種藝術，也是一種商品和民族符號。

⌘ 藝術品：

過去大部分有關盆景的歷史研究皆以藝術史的角度切入，盆景被認為是一種有別於盆栽的藝術，因為後者只是「一種栽培方式」，而前者是在盆栽的基礎上發展出來，以樹、石等元素組合成反映人類對大自然喜好和敬意的藝術。[15] 在這個切入點下，學者積極爬梳史料考證盆景作為一種「藝術品」及其「藝術手法」在中國歷史上不同時期的推演、累積及突破，[16] 他們通過知識份子留下的文字紀錄和在書畫中有意無意的視覺呈現，巨細無遺地重構盆景藝術的

15 彭春生、李淑萍：《盆景學》（武漢：花木盆景雜誌社，1988 年），頁 1-6。

16 舉例而言，陳思甫分析盆景「椿頭」的藝術特色和發展，見《盆景椿頭蟠紮技藝》（成都：四川人民出版社，1982 年），頁 1-6。

發展。[17]

⌘ **商品：**

除了從藝術史的視覺追溯中國盆景藝術的起源與發展外，經濟及文化史家從另一個角色切入，重溯盆景在社會的流通和販售。這方面的研究主要以盆景為一種「商品」來進行探索，從而間接討論社會的生活狀況和經濟發展。[18] 現時這個研究取向主要圍繞中國消費社會的發展，意在探討明清時期的「士大夫」如何利用盆景及其他消費品來界定和表達自我身份。誠如邱仲麟的分析，觀照盆景呈現出明清「上階層閒暇生活的一個面向」，相對於一般忙於生活的平民，盆景代表着文人、士大夫的「生活內涵」，而且是一般大眾不可奢求的界限。[19]

17 參見王志英圖、潘傳瑞文：《盆景造型藝術》（成都：四川科學技術出版社，1986 年），頁 3-28；周朝忠、鄧玉編：《盆景造型技法》（南寧：廣西科學技術出版社，1989 年），頁 1-6；馬文其：《山水盆景製作與欣賞》（北京：文化藝術出版社，1989 年），頁 1-6；趙慶泉文、王志英圖：《中國盆景造型藝術分析》（上海：同濟大學出版社，1989 年）；馬文其、魏文富編：《中國盆景欣賞與創作》（北京：金盾出版社，1995 年）；陳習之、林超和吳聖蓮編：《中國山水盆景藝術》（合肥：安徽科學技術出版社，2013 年），頁 1-3。

18 誠如雷東林等人指出：「盆景藝術是一種特殊的藝術品，也是商品」，參見雷東林、周武忠和蔣長林編：《盆景製作技法與鑒賞》（北京：中國農業出版社，1999 年），頁 14-15。另外，有關盆景的商品價值，參見蘇本一：《蘇本一談盆景藝術》（合肥：安徽科學技術出版社，2001 年），頁 36-42。

19 邱仲麟：〈宜目宜鼻：明清文人對於盆景與瓶花之賞玩〉，《九州學林》，5 卷 4 期（2007 年冬季），頁 120-165；另見邱仲麟：〈蘭癡、蘭花會與蘭花賊：清代江浙的蘭蕙鑑賞及其多元發展〉，《中央研究院歷史語言研究所集刊》，第 87 本 1 分（2016 年 3 月），頁 176-242。

⌘ 民族符號：

通過把盆景視為一種「商品」，製作及培養盆景並不單單是一種個人對藝術和自然的追求，也是一個階層對自我身份認同的表現和區隔。晚清民國以來，隨着中國轉變成一個現代民族國家，諸如許多其他種類的藝術，盆景被重塑為一種象徵着中國歷史文化、藝術的符號。盆景被民族國家的傳統譜系收編及符號化的過程大致分為兩個階段，首先是在清末民國時期，由於西方園藝文化以「文明姿態」自居傳入中國，民族主義知識份子排斥並以盆景文化作為對抗。第一代盆景研究家崔友文為了「雪外人『不識植物』之譏」，續整合歷代及當前中國盆景和盆栽的種植和造景方法，以供國人參考。[20] 及後，如上節所說，五十年代以後西方流行盆景文化，卻只知日本而不識中國，因此在七十年代起不少中國研究者積極研究盆景史，一方面力證盆景起源中國一說，另一方面更有系統地向海內外讀者介紹盆景這一個民族符號。

上述三種研究方法反映對「盆景」的理解不應該是「平面」，而是需要立體地從不同層面分析不同人與群體對盆景的使用和想像。簡單而言，從藝術的角度，盆景家關心的是如何通過盆景表達自我，但市場卻在販賣及消費背後的身份象徵，甚至被投射民族主義情感。在這個基礎上，我們需要更進一步了解，究竟現時盆景史研究是如何理解香港的盆景發展史？

20　崔友文：《中國盆景及其栽培》（上海：商務印書館，1948 年），頁 2-3。

第三節　嶺南盆景在香港

由於地理與氣候的差異使盆景在不同地區呈現出不同藝術特色，久而久之形成以區域為中心的盆景流派，諸如嶺南、蘇州、揚州、四川等派別應運而生，使不少專注盆景藝術史研究者以這些流派為中心作討論。[21] 自 1960 年代起，廣州市園林處及廣州盆景藝術研究會相始組織有關嶺南盆景的研究及整理相關的文史資料，[22] 並通過盆景愛好者的回憶，確立了嶺南盆景始於 1930 年代，並以孔泰初、素仁和尚和三元宮道士為先行者的說法。[23] 由於在文化大革命期間，盆景藝術被冠以封建階層的喜好的惡名，一度被壓抑，有關的研究亦隨之中斷。待文革結束後，相關的研究再次興起，多

21 黃景離等編：《盆景》（西安：陝西科學技術出版社，1980 年），頁 4-9；成都園林學會盆景組、成都市園林管理局編：《成都盆景》（成都：四川人民出版社，1981 年）；章本義、吳國榮：《蘇州盆景》（南京：江蘇人民出版社，1981 年）；潘傳瑞編：《成都盆景》（成都：四川科學技術出版社，1985 年）；王志英：《海派盆景造型》（上海：同濟大學出版社，1985 年）；王志英圖、潘傳瑞文：《盆景造型藝術》，頁 28-32；江西省科學技術協會編：《江西盆景藝術》（上海：上海文化出版社，1986 年）；周朝忠、鄧玉編：《盆景造型技法》，頁 7-12；邵忠：《蘇州盆景技藝》（上海：上海科學技術出版社，1989 年）；馬文其：《山水盆景製作與欣賞》，頁 6-10；王志英圖：《中國盆景造型藝術分析》，頁 49-89；吳澤椿編：《中國盆景藝術》，頁 22-47；邵忠編：《中國盆景技藝》，頁 10-36；胡運驊編：《上海盆景欣賞與製作》（北京：金盾出版社，1991 年）；佟文浩編：《家庭盆景製作與欣賞》（武漢：湖北科學技術出版社，1993 年），頁 22-35；胡一民：《徽派盆景》（北京：中國林業出版社，1998 年）；趙慶泉編：《揚州盆景》（北京：中國林業出版社，1999 年）；邵忠編：《蘇州盆景》（北京：中國林業出版社，1999 年）；仲濟南編：《安徽盆景》（北京：中國林業出版社，1999 年）；游文亮編：《中州盆景藝術：雜木類樹椿盆景的製作與養護》（鄭州：河南科學技術出版社，2000 年）；邵忠：《中國蘇派盆景藝術》（北京：中國林業出版社，2001 年）；韋金笙：《中國盆景製作技術手冊》（上海：上海科學技術出版社，2018 年），頁 51-59。

22 李偉釗編：《廣東盆景》（北京：中國林業出版社，2000 年），頁 4-5。

23 孔泰初、李偉釗及樊衍錫編：《嶺南盆景》（廣州：廣東科技出版社，1985 年），頁 6-8。

部以嶺南盆景為中心的著作出版，形成今日我們對嶺南盆景的認知和了解。

可是，現時對嶺南盆景的研究出現集中於廣州一帶的問題，忽視了嶺南盆景多元共生的複雜性，尤其漠視香港盆景藝術發展的過程，以及香港盆景家對嶺南盆景的影響和貢獻。[24] 事實上，在多部嶺南盆景的研究中，香港盆景家的身影佔據了舉足輕重的位置。舉例而言，吳培德主編的《中國嶺南盆景》一書指出：

>「在開放改革東風的吹拂下，嶺南盆景一面積極發展，一面銳意創新。最令人高興的是，香港盆景界人士對弘揚嶺南盆景不遺余力。原香港國際盆栽會主席伍宜孫先生、香港盆栽會名譽主席黃基棉先生、香港青松觀觀長侯寶垣先生、香港圓玄學院副主席趙鎮東先生等所領導的團體和單位，經常與內地盆景界聯繫，相互交流經驗，互相切磋提高，對促進省港兩地盆景事業很有作用。」[25]

---

24 有關嶺南盆景的研究，參見李偉釗編：《嶺南微型盆景》（廣州：廣東科技出版社，1991 年）；謝保昌、吳偉廷編：《花卉與盆景》（廣州：廣東科技出版社，1992 年），頁 143-149；陳金璞、劉仲明編：《嶺南盆景傳世珍品》（廣州：廣東科技出版社，1998 年）；余暉、謝榮耀：《嶺南盆景佳作賞析》（廣州：廣東科技出版社，1998 年）；劉仲明、劉小翎：《嶺南盆景藝術與技法》（廣州：廣東科技出版社，1998 年）；李偉釗編：《廣東盆景》；劉仲明、劉小翎：《嶺南盆景造型藝術》（廣州：廣東科技出版社，2003 年）；陳定如、劉念、庄雪影編：《嶺南盆景植物》（廣州：廣東科技出版社，2015 年）。

25 吳培德：《中國嶺南盆景》（廣州：廣東科技出版社，1995 年），頁 203。

另外，李鵬和范許哲〈嶺南盆景發展史探析〉一文中，更把伍宜孫、黃基棉、侯寶垣及趙鎮東與孔泰初等廣州盆景家同列為「嶺南盆景名家」。[26] 由此可見，現時嶺南盆景的研究者肯定了香港嶺南盆景家的造詣，以及香港在文革後嶺南盆景復興的過程中的貢獻。然而，可惜的是，對於香港的盆景發展，上述的研究尚未有深入的探討，使這些往事隨大師相繼去世後，出現被遺忘的危機。

第四節　本書結構

毫無疑問，要了解嶺南派甚至中國盆景的發展，是不可忽視香港的。可是，進一步從「商品」和「民族符號」的角度而言，盆景文化與香港的社會發展有什麼關聯？本書認為盆景藝術的發展與香港歷史息息相關，後者影響了前者的發展，而前者是後者的一種反映。本書的首要任務是重塑香港盆景藝術和文化的發展歷程，因此本書的章節結構以香港盆景藝術發展的四個時期為基礎，通過順時序的四個時期，重現香港曾經在國際上舉足輕重的盆景藝術，以及一眾日漸被遺忘的盆景大師。但與此同時，除了以藝術史的處理方法，本書的另一個目的是以經濟史及政治文化史的角色為切入點，探討盆景與香港政治、經濟和社會的互動關係。

可是，賞玩盆景是一種藝術，也是一種個人行為，先不

26 李鵬、范許哲：〈嶺南盆景發展史探析〉，《遼寧農業職業技術學院學報》，21卷4期（2019年），頁4-7。

談這樣的閒暇之舉與社會有何等互動足論，連我們如何把這樣的私人行為找出來也成問題。過去盆景藝術史大多集中在著名盆景家及士人階層，難道其原因不就是受資料的局限嗎？當本書的第一章嘗試重溯早期的香港盆景史時，我們會被上述難題纏繞。究竟戰前香港盆景始於何人何時？這是回答不了的。可是，那時香港有沒有盆景愛好者？回答是肯定的，因為在二十世紀初，盆景已經出現在香港花展之中，甚至在三十年代組織起盆景展覽。一旦盆景愛好者通過展出、出版或建立組織，把自身的興趣與社會發生關係，便是本書的起點，也是香港盆景史的起點。

通過爬梳歷史報道，第一章會提出證據表明香港在戰前已經有為數不少的盆景愛好者，尤其在外國人帶動的園藝文化下，在港華人無不對園林種植感興趣。在這樣的環境下，盆景愛好者自視他們的興趣是「清雅」的閒暇玩物。可是，國難當前之際，在娛樂與救國之間，盆景愛好者似乎需要找出解決矛盾的方法。

幸運的是，戰後的盆景愛好者不再受此困擾，因為盆景無疑是一種「國貨」、一種象徵中國文化的藝術。因二戰及內戰南下的盆景家改變了香港的盆景藝術，一方面出版這方面的理論著作，另一方面通過盛大的展覽推動盆景藝術。第二章首先考察這些南下盆景家，他們是誰？做了些什麼？對香港盆景藝術發展有什麼影響？同時，這章考慮更多的是盆景的藝術性如何受南來「嶺南派」的影響，而且作為一種商品，如何在商人的主導之下被國貨化。

七十及八十年代，香港盆景進入組織化的階段，不少盆景組織相繼成立，恆常化的展覽出現。通過這些組織，以及背後的盆景家，第三章發掘這些影響至今的盆景理論，讓我們更加了解香港嶺南盆景的藝術特色。同時，市場正在改變，因購買力提升，新界有更多專門為盆景提供材料的行業誕生。加上香港政府注意到盆景的價值，加以鼓勵，使盆景更為盛行。

最後，第四章主要處理八十至九十年代的發展。無疑，從各方面來看，這是香港盆景最輝煌的時期。香港的盆景家把他們的作品、力量和影響力向全球擴散，在海內外取得無容忽視的聲望，也改變了中國及北美盆景藝術的內涵。此章會展現上述過程，也會分析背後原因。可是，從另一個角度來看，今日盆景藝術青黃不接的危機已經慢慢出現，但是否不可改變？

五老義舉，傾園救國

第一章

戰前香港園藝文化與早期盆景藝術

談起「歷史」，香港的盆景老前輩往往把戰後（甚至更後期的七八十年代）視為起點。因此在他們的記憶中，戰前盆景文化可說是一片空白。戰後及因內地內戰而南下定居香港的文化人無可否認對本地藝術文化的發展有關鍵性的影響，但在戰前漫長的歷史中，香港是否真的沒有盆景愛好者？

1935 年 8 月，章文才剛得到「中英庚款資助」赴英進修，路經香港，順帶考察了這座位於南方的城市。作為一名果樹學家，他四處找尋植物，可是發現：

> 香港位居小島，地狹人稠，濱海各地，概不適於種植，故全島居民，對於家庭園之佈置，以及家庭蔬菜果樹之設置，迨不可能，繁華街市，非但無一公園之佈置，即行道樹之栽植，亦寥寥無幾。每一般富家庭，輒於窗前裝設盆景若干，以資點綴耳。[1]

自開埠以來，香港城市發展迅速，人口不斷向上攀升，

---

1 章文才：〈海外園藝通訊（一）〉，《農林新報》，第 12 年 23 期（1935 年 11 月 11 日），頁 782-86。

土地的開發價值巨大，卻受制於有限適合作建設及發展之用的土地，使市區內的綠化空間及邊緣的綠化帶不斷被都市化蠶食。[2] 因此，當章文才遊走香港時，他發現局促而狹小的居住空間、繁華卻擁擠的街道、市集之中，蔬菜果樹之栽植可謂寥寥無幾。穿梭在鬧市之中，章文才發現許多富裕的家庭會在「窗前裝設盆景」，以作點綴、裝飾之用。[3]

炎熱及潮濕的氣候和稠密的人口本來便容易引發疫病，市區內欠缺綠色植物更使疫病肆虐漫延。早於 1840 年代，香港曾受虐於熱病（Hong Kong Fever），[4] 當時殖民地醫官 William Morrison 提出廣植樹木以有益於公共衛生，及後在 1888 年的衛生報告重申植樹對防範熱病的重要功效。[5] 為了更有效地防範疫病及為行人遮擋陽光，香港政府自 1840 年代末期起在道路旁植樹，並在 1870 年代推展，在城郊有系

---

2 有關香港城市規劃及發展的歷程，可參考 Pui-yin Ho, *Making Hong Kong: A History of Its Urban Development* (Cheltenham, Uk and Northampton, MA: Edward Elgar Publishing, 2018).

3 章文才：〈海外園藝通訊（一）〉，《農林新報》，第 12 年 23 期（1935 年 11 月 11 日），頁 782。

4 Christopher Cowell, "The Hong Kong Fever of 1843: Collective Trauma and the Reconfiguring of Colonial Space," *Modern Asian Studies*, Vol. 47, No.2 (March 2013), pp. 329-64;Ka-che YIP, *Disease, Colonialism, and the State: Malaria in Modern East Asian History* (Hong Kong: Hong Kong University Press, 2009);Moira M W Chan-Yeung, *A Medical History of Hong Kong: 1842–1941* (Hong Kong: The Chinese University Press, 2018).

5 William Morrison, "Report of the Colonial Surgeon for 1848", in R. Jarman, ed., *Hong Kong Annual Administrative Reports, 1841–1941* (Slough, England: Archive Editions, 1996), Vol. 1, pp. 108–17.

統地植林，[6] 雖然在二十世紀上半葉已經取得一定的成效，唯在都市化的巨大壓力下，市區內的綠化空間仍然嚴重不足，甚至不得不將市區內及邊緣原本可用作綠化的空間盡量發展，暫時滿足都市化的需求，但也相應地犧牲了居住在城區市民的健康。[7]

二十世紀初，港府和本地的歐洲人社群已經察覺到急速城市化引發的環境和公共健康問題，因此成立「香港園藝會」(Hong Kong Horticultural Society)，[8] 並舉辦一年一度的花卉展覽 (Hong Kong Flower Show)，以提升本港歐洲及華人社群對園藝的興趣，不但可美化這個英國殖民地，更在長遠而言改善本地的衛生狀況[9] 在園藝會及花展的推動下，香港華洋各界對種植、園藝有更大的興趣，尤其是居住在山頂的歐洲人自覺地通過「花園」來緬懷家鄉，此外上層華人精英通過園藝來加入以歐洲人為中心的文化組織和盛事、華人「賣花」行業的興起與下層華人對「年花」(甚至盆景) 的需

6 詳細討論，可參考 Ho Chung Hang Vincent and Ho Tsz Wing Novem, "Imperial Botanical Gardens Versus Local Colonial Parks: British Botanical Imperialism and Colonial Greening Policies in Nineteenth Century Hong Kong," *Journal of the Royal Asiatic Society Hong Kong*, Vol. 62 (2022), pp. 80-100。

7 香港園莊事務局局長 Charles Ford 常常抱怨因應城市發展，以前種植的樹木需要被移去。舉例而言，1883 年他便指出香港的街道根本沒有足夠的空間讓樹木生存，見 Charles Ford, *Report of the Superintendent of Botanical and Afforestation Department for 1883* (Hong Kong: Paper Laid before the Legislative Council of Hong Kong, 1884).

8 此譯名參考當時的中文報章，如〈園藝會之年報〉，《香港華字日報》，1937 年 12 月 7 日，3 張 2 頁。

9 "Horticultural Society for HongKong," *Hong Kong Daily Press*, 9 December 1905, p.2; "Horticultural Society: Yesterday's Meeting," *South China Morning Post*, 9 December 1905, p.2.

求都反映戰前香港社會對園藝的追求。

章文才發現不少本港的富有家庭會在「窗前裝設盆景」作點綴，反映盆景藝術或已經流行於戰前香港。作為一個旅客，章文才顯然忽視了本地園藝文化的發展，反而片面地視擁有、裝置盆景為富有的象徵，殊不知園藝文化在港府及本地華洋社群的推動下，已經在二十世紀的香港普及起來。

本章的目的是探索園藝文化的興盛如何促使「盆景」作為一種具有「傳統中國」意涵的文化手藝及消費品在本地出現。由於城市發展急速，港府通過鼓勵園藝文化發展，以圖由民間自發地綠化市區，從而改善香港的居住和衛生條件，因此以歐洲人為中心的香港園藝會和年度花展應運而生，不但培養華洋各界對花卉、植物的欣賞，也促進了本地花樹買賣市場及行業的興起。與此同時，不少華人以傳統中國的花藝文化為驕傲，銳意在本港傳承之，因此以華人為中心的菊花會、花展及盆景展也乘時而起。在上述的發展下，盆景藝術被視為一種「清雅」、「新奇」之物，同時在抗日戰爭爆發後，作為救國義賣之物。最後，由於戰爭迫近，為提高本地糧食產量，園藝文化被賦予更為實用性的價值，不論藝術高雅與否，盆栽和盆景紛紛淪為戰時之急需品。

第一節　**香港的園藝文化**

1873 年 2 月 7 日，《孖剌西報》(*Hong Kong Daily Press*) 刊登來信一封，希望政府宣佈將至的星期四、五為公眾假期，讓繁忙的人可以放下工作到香港植物園一遊，參與園藝展覽會舉行的首屆香港花展。[10] 所有喜好園藝者，又種有美麗的盆栽及花卉，皆可參與比賽，並在展場陳列佳作，以供遊人參觀。[11] 自 1873 年起，這樣的花展每年均會舉辦一次，但由於園藝展覽會在 1880 年代運作上開始出現問題，在得不到公眾支持下，花展因而在十九世紀末停辦。[12] 值得注意的是，誠如 1881 年《德臣西報》(*The China Mail*) 的一篇評論，雖然園藝展覽會致力於提高園藝文化，但不能忽視的是政府角色，特別是植物園園長兼園莊事務署長查理斯・福特 (Charles Ford) 的支持和推動。在園藝展覽會和政府的雙重影響下，不但使香港園藝文化有進一步的提升，花卉、菜蔬種植行業有了更健康的發展。[13]

踏入二十世紀，急速的城市發展使香港政府發現有必要重新舉辦年度花展，以促進園藝文化，使本地居民通過種植美化環境，並改善衛生狀況。於是，在園莊事務署統籌下，花展委員會 (Flower Show Committee) 成立處理在 1906 年恢復花展事宜，並公開邀請社會各界參與有關推廣園藝文化的會議，會上同意成立香港園藝會，由弗朗西斯・泰勒・皮葛 (Sir Francis Piggott) 出任首任主席。[14] 園藝會成立後，再次與

---

10 A. H., "The Flower Show: To the Editors of the 'Daily Press,' " *Hong Kong Daily Press*, 7 February 1873, p.2.

11 "Government Notification No. 18," *Hong Kong Government Gazette*, 8 February 1873, p.45.

12 "Horticultural Society for HongKong," *Hong Kong Daily Press*, 9 December 1905, p.2.

13 *The China Mail*, 19 February 1881, p.2.

14 "Horticultural Society: Yesterday's Meeting," *South China Morning Post*, 9 December 1905, p.2；〈憲報載賽花事〉，《香港華字日報》，1905 年 9 月 9 日，頁 3；"The Flower Show," *The China Mail*, 29 August 1905, p.3.

政府形成雙重影響，成功在1906年順利復辦花展，並得以一直延續。

由於英國素有舉行花展的傳統，因此當1905年提出復辦時，在香港的歐洲人社會對花展感到雀躍。[15] 首先，在香港舉行花展，有助英國殖民者及本地歐洲社群把這個處於亞洲的殖民地連結他們的家鄉。誠如當年《南華早報》刊登的評論，認為欣賞園藝文化是英國人的國民特性，因此舉辦花展符合他們的文化象徵。[16] 通過花展的展覽和比賽性質，不少長居在香港的歐洲人嘗試把在歐洲常見的花卉和植物移植到香港，一方面參與競賽，另一方面把自己的後花園打造成家鄉的模樣。[17]1932年，曾任港大生物系教授的香港植物學家香樂思（Geoffrey A. C. Herklots）在一次電台廣播中指出，在園藝會的努力之下，剛剛抵達香港的人會發現整個山頂充滿了樹木，而且種植了許多英國品種的植物，根本難以想像這個殖民地曾經只是一個荒蕪的小島。[18]

有別於二十世紀初許多以洋人主導的組織，香港園藝

---

15 有關英國舉行花展的歷史，可參考 Brent Elliott, "Flower Shows in Nineteenth-Century England," *Garden History*, Vol. 29, No. 2 (Winter, 2001), pp.171-84。至於社會的反應，《南華早報》的一篇來信，至少可反映本地歐洲社群的支持，見 "Correspondence: Study of Horticulture: To the Editor of the 'Morning Post,' " *South China Morning Post*, 20 October 1905, p.6.

16 "Correspondence: Study of Horticulture: To the Editor of the 'Morning Post,' " 20 October 1905, p.6.

17 類似的情況常見於大英帝國的殖民地，參考 Eugenia W. Herbert, *Flora's Empire: British Gardens in India* (Philadelphia: University of Pennslyvania Press, 2011).

18 "Beautiful Hongkong: Horticultural Society's Part in Great Transformation," *South China Morning Post*, 27 February 1932, p.15.

會歡迎華人入會及參與年度花展衍生的園藝比賽。[19] 在園藝會籌組之際，委員之一駐港英軍總司令克頓（Villiers Hatton）表示期望促進華人及葡人社群對園藝之興趣，甚至認為常自居「花國」的華人不懂得花草種植之樂，需要讓華人見識英國的園藝。[20] 正因如此，香港花展專設讓歐亞混血兒及華人參與的比賽組別，甚至在 1907 年嘗試舉辦華人較為喜愛的「賞菊展」（Chrysanthemum Show），希望藉此吸引華人加入園藝會。[21] 雖然因華人參與人數欠奉及在港歐洲人不具熱情下，賞菊展在次年便放棄續辦，但園藝會一直銳意吸納華人，包括在二十年代選出華人為主席。[22]

1939 年，上海一份報章《迅報》報道了該年在香港舉行的「花卉蔬菜展覽會」，即花展，該報記者只留下一個印象，他表示「所有的出品，全在爭奇鬥妍，很少有幽雅的東方趣味」。[23] 的確，香港園藝會為了推廣英國園藝傳統，有意通過花展的比賽吸引華人採用西式方法種植從歐洲引入的品種，使不少華人感到陌生。可是，不論目的與手段如何，園藝會及花展的努力無疑激發了香港各族裔社群對園藝的興

---

19 高馬可 (John Carroll) 指出：「及至十九世紀末，香港華人商界精英已發展為成熟的資產階級。不過，他們雖然財富愈來愈多，地位愈來愈高，卻仍然受到歐籍人的種族歧視，其中一種歧視方式是被摒諸歐籍資產階級上流社交圈的門外。」見高馬可著、林立偉譯：《帝國夾縫中的香港：華人精英與英國殖民者》（香港：香港大學出版社，2021 年），頁 80。

20 "Horticultural Society: Yesterday's Meeting," *South China Morning Post*, 9 December 1905, p.2.

21 〈賽菊花會之期〉，《香港華字日報》，1907 年 10 月 23 日，頁 3。

22 1923 年，何甘棠被選為香港園藝會主席，見 "Hong Kong Horticultural Society," *Hong Kong Daily Press*, 9 November 1923, p. 5.

23 〈香港花卉蔬菜展覽會〉，《迅報》，1939 年 3 月 21 日，頁 1。

趣，一方面歐洲人居住的山頂被各地遊人讚嘆區酷似英國的園林景致，另一方面不少富有的歐亞混血兒和華人也致力經營他們的花園，以在花展上一爭名次。[24]

也是在上述背景下，盆景作為中國園林藝術的代表，不只一次被華人帶到花展的舞台上，每每令洋人嘖嘖稱奇。根據現有資料，盆景最早在 1908 年在花展展出，其中以何甘棠及何東夫人之盆景最為動人。舉例而言，英文《士蔑報》(*Hong Kong Telegraph*) 對何甘棠的盆景有以下描述：

> 何甘棠先生的石山描繪了一系列鑲嵌在相貌粗獷的山巖上的本地村莊。不同品種的矮樹出現在懸崖上，其葉子也成展出的焦點。矮樹的品種是棕櫚、榕樹和蕨類植物。景象包括村屋、寺廟、塔和跨越驚人鴻溝的小橋；同時，牛、羊、馬及家禽在山邊流連。山上有猛虎準備向田間一躍而下；同時，湖心停泊的漁船上，漁民和鸕鶿正在工作，花船和船屋密佈。[25]

至於何東夫人的作品，記者認為雖不足以與何甘棠之比較，但兩人之佳作反映了中國藝術的深邃。[26]

---

24 舉例而言，花展常客何東便打造了「曉覺園」，即英文 Ho Tung Gardens 翻譯而來的何東花園。參見鄭宏泰、黃紹倫：《山巔堡壘：何東花園》（香港：中華書局，2012 年）。

25 此為中文譯文，原為英文，由作者自行翻譯，原文見 "Hong Kong Flower Show," *Hong Kong Telegraph*, 26 February 1908, p.5.

26 同上。

自1935年起，由於歐亞混血兒高寶森（J. F. Grose），盆景成為花展競賽項目之一，同年也有不少盆景（包括日式盆景）展出。[27]《香港華字日報》記者也觀察到上述的改變，表示發現在花架上陳列了「盆景、碎割花朵、蔬菜」。[28] 兩年後刊載在《南華早報》的一篇英文評論證實了上述的記錄，作者化名為 Vinjar，稱展出這種「獨特中國式的微型『花園』」乃香港園藝會的一大「創新」，並且引起不少參觀者的興趣，驅使他們設法得到這種「中國（與日本）的藝術」。

更令人驚訝的是作者通過文字表達了盆景背後的文化意義，同時表示自己及不少洋人也開始製作屬於自己的盆景。[29] Vinjar 為讀者附上了兩幅照片，均是他所製作的盆景作品。令人意外的是，除了考慮種植外，他也注意到造景。利用青苔製作成青草地，在盆的一旁種植一顆小樹，樹下放置一名牧民正在騎着一隻水牛。Vinjar 解釋這樣的安排是典型的華南鄉野之景，更是每天都能在新界找到的景色，簡單卻展現不同凡響之美。[30]

---

27 "Grand Floral Display Greatly Admired: Colony's Beautiful Blooms Gladden The Eyes of Beholders: Horticultural Society's Show," *South China Morning Post*, 1 March 1935, p.10; "The Flower Show: Successful Exhibition by Horticultural Society," *Hong Kong Daily Press*, 1 March 1935, p.7.

28 〈園藝會花卉大比賽〉，《香港華字日報》，1935年3月1日，2張3頁。

29 Vinjar, "Miniature Gardens and Landscapes: The Beautiful Art of The Poem in A Dish: Dwarf Trees and Rocks," *South China Morning Post*, 11 February 1937, p.15.

30 同上。

第二節　半島有盆景

盆景出現在花展並非「偶然」之舉，而是將盆景定位為中國園藝文化的代表作展示，以此吸引華洋觀眾。圍繞盆景進入花展衍生出一個問題：除了由西人主導的香港花展外，我們還可以從何處尋覓早期港人賞玩盆景的證據？幸好，通過歷史報章，我們可以發現不少華人舉行的菊花會及盆景展，甚至可以肯定在二三十年代，香港已經有一定數量的盆景愛好者，他們甚至舉行活動以交流心得。

二十世紀初，除了在港歐洲人積極通過舉辦花展推動本地園藝發展外，一些華人秉承傳統士人價值觀，在香港推動賞花文化，包括不定期舉行的菊花會。人類學家蕭鳳霞曾就小欖鎮菊花會進行研究，反映傳統賞花活動在現代社會的變化與延續，特別是彰顯「士大夫」身份象徵的目的歷久不變。[31] 上世紀二十年代，香港曾舉行兩場聲勢浩大的菊花會，包括 1924 年由愚公簃詩社（後改名為北山詩社，在 1925 年解散）在利園山舉辦的菊會以及 1929 年由廣華園舉辦的賽菊大會，反映在西方園藝盛行之時，香港尚保留傳統的賞花活動。[32]

31　蕭鳳霞：〈傳統的循環再生：小欖菊花會的文化、歷史與政治經濟〉，《歷史人類學刊》，1 卷 1 期（2003 年 4 月），頁 99-131。

32　有關資料見於報章，參見〈賞菊消息〉，《香港華字日報》，1924 年 11 月 14 日，頁 6。另外，二三十年代規模較小的菊花會分別由麗華公司、跑馬地麗精美術學院及養和醫院籌辦，見〈奇異之並頭菊花〉，《香港華字日報》，1925 年 1 月 16 日，頁 3；〈養和院菊花展覽〉，《工商晚報》，1931 年 11 月 21 日，版 3；〈麗精賞菊雅集：鮑少游夫妻之逸致〉，《工商晚報》，1934 年 11 月 21 日，版 3。

根據邱仲麟的研究，自明清以來花卉成為文人生活的一部分，盆景亦因而成為文人的身份象徵之一，[33] 因此賞花與盆景的關係是密不可分的。賞花與盆景的關係反映在 1929 年廣華園賽菊大會中，根據《香港工商日報》的描述，大會除展出菊花外，在會場的花塔及花局上也放置了不少盆景，以供遊人賞玩。[34]

時至三十年代，香港開始出現以盆景為主題的展覽，現時史料可尋最早之盆景展覽是在 1934 年舉行的石山盆栽展覽。由於當時香港中華基督教青年會之九龍會所剛剛完成增建，[35] 需要舉行一場開幕禮，加上時間臨近雙十節，正正需要一場有看頭的活動作慶祝。該會執事們認為舉行一場盛大的盆景展覽最為合適，一方面可以提高市民對園藝的興趣，饒有教育意義，另一方面盆景被喻為一種清雅的藝術，青年會希望加以推廣給香港市民。因此，在該年的 10 月 9 日至 12 日期間，九龍青年會在其位於窩打老道的會所舉行了一場大型的「石山盆栽展覽」。[36]

在展覽正式開放前，《香港工商日報》一名記者受九龍青年會執事傅世仕之邀請到場參觀，並發表〈盆景展覽參觀

---

33 邱仲麟：〈宜目宜鼻：明清文人對於盆景與瓶花之賞玩〉，《九州學林》，5 卷 4 期（2007 年冬季），頁 120-166。

34 〈廣華園賽菊大會之盛況〉，《香港工商日報》，1929 年 11 月 19 日，3 版。

35 香港中華基督教青年會會史特刊委員會編：《香港中華基督教青年會會史（1901-2012）》（香港：香港中華基督教青年會，2013 年）。

36 有關是次展覽的報道主要參考〈青年會九龍支會石山盆栽展覽會〉，《天光報》，1934 年 10 月 5 日，3 版及〈盆景展覽參觀記〉，《香港工商日報》，1934 年 10 月 9 日，3 張 3 版。

記〉一文，本意宣傳，吸引市民到場一覽，然時至今天，有賴他的筆下見聞，我們得以窺探這個香港首次以盆景為主題的展覽。根據他的記錄，會場展出接近百盆盆景，類型繁多，計「有小樹、有石山、有金魚」等不一而足。[37]

在眾多盆景之中，以革命老人、曾為輔仁文社成員及聖保羅書院總教習何星儔的作品最為出眾，[38] 不論是盆樹和石山，皆令記者稱奇。以他的石山而言，記者形容「氣象甚為雄壯，若將之攝成畫景，則閱者不難疑其為聳立海中之峭壁也」。[39] 此外，他也是參展人中作品數量最多的。除何星儔外，另一位令該名記者為之驚嘆的作品出自華南園藝場場主潘劍帷之手，名為「真相」的樹盆，而他也是繼何星儔外送出最多盆景來參展的愛好者。[40]

除何星儔和潘劍帷外，因盆景數量及技術上引起該名記者注意的參展人，尚有黃學新、徐翰屏、汪濟帆、梁榮、羅伯萼、劉平齋等人。就身份而言，他們主要屬於商人和知識份子階層。舉例而言，黃學新是黃棠記木庄創辦人黃卓卿

---

37 〈盆景展覽參觀記〉，1934 年 10 月 9 日，3 張 3 版。

38 尤曾家麗、黃振威：《人間到處有青山：四大寇之尢列傳》（香港：中華書局，2020 年），頁 28-9 及黃振威：《番書與黃龍：香港皇仁書院華人精英與近代中國》（香港：中華書局，2019 年），頁 216。

39 〈盆景展覽參觀記〉，1934 年 10 月 9 日，3 張 3 版。

40 原文僅提及潘劍帷展出佳作，華南園藝場之「真相」得到賞識，並沒有指出兩者之關係。然而，章文才的考察紀錄中有謂：「香港之業園苗圃者，聞有三四家，均係盆景切花居多，曾往華南園藝場參觀，位於市中心之銅鑼灣利園山上，場主係潘劍帷君。」見章文才：〈海外園藝通訊（一）〉，《農林新報》，第 12 年 23 期（1935 年 11 月 11 日），頁 782。

（1877-1940）之子、[41] 劉平齋擁有必得勝藥房，更歷任東華及廣華醫院總理、首總理，[42] 另外還有長期服務教會的汪濟帆。[43] 可是，記者也注意到除了上述名家以外，是次展覽受九龍居民之重視，並謂「半島居民之有盆景者」紛紛把佳作「赴會陳列」，反映當時九龍一帶已有為數不少的盆景愛好者。他們深愛此道，也積極通過展覽與其他同好交流心得，且互相欣賞。[44]

1936 年，先施公司以佳節為由，舉行七夕展覽，以促商機。至於展覽陳列之物，皆以「益智及饒有興趣」為主，例如渾天儀、天文儀圖等等，以供遊人觀賞。其中最特別的是，會場的另一頭設「石山盆景園藝」展覽，合共展出超過百盆盆景，報謂「洵為本港罕見之石山展覽盛舉」。根據報道，這次活動的參展人包括蘇劍如、梁榮、羅伯蕚、何思永堂、嚴嶽東、張椒興、華南園藝場、盧頌文、簡孔昭等。[45]

---

41 見“Wong Tong Kee（黃棠記）– the Timber Merchant and the Mansion,”載於 The Industrial History of Hong Kong Group 網站，https://industrialhistoryhk.org/wong-tong-kee-%E9%BB%83%E6%A3%A0%E8%A8%98-the-timber-merchant-and-the-mansion/（參考日期：2022 年 7 月 16 日）。

42 何佩然：《源與流：東華醫院的創立與演進》（香港：三聯書店，2009 年），頁 22 及 118-21。

43 邢福增：〈香港基督教文字出版事業：戰前篇〉，載於基督教出版聯會網站，http://acp.org.hk/christian-publishing-industry-1/，參考日期：2022 年 7 月 16 日。

44 〈盆景展覽參觀記〉，1934 年 10 月 9 日，3 張 3 版。

45 〈先施籌辦石山展覽〉，《香港華字日報》，1936 年 8 月 11 日，3 張 2 頁；〈先施七夕展覽會紀〉，《香港華字日報》，1936 年 8 月 18 日，3 張 2 頁。

第三節　盆景與救國

1937 年，中日戰爭爆發，香港華人同仇敵愾，競相奔波，援助內地抗戰。自戰爭始起數年間，本港各行各業紛紛舉行義賣，為內地同胞籌款，一時蔚為風氣。[46] 有感國難當前，九龍塘六宜社在 1938 年 9 月發起了一次義賣，在該社發起人蘇劍如在窩打老道的「海山松屋花園」內，出售社員們「數十年來心血結晶」，希望集腋成裘，共赴國難。雖然義賣之舉實屬常見，但這次六宜社所賣之物相當特別，《大公報》甚至以「別饒風趣」來形容之。另據報載，自 9 月 12 日起一連七天舉行的義賣吸引了不少買家前往，更有不惜從香港島乘輪船而來者，目的正是為六宜社員之珍品而來。究竟六宜社義賣了什麼？答案竟是盆景。[47]

六宜社乃一個聯絡同居於九龍塘嗜好古董同好的組

46　1937 至 1942 年日本侵華期間，義賣在香港非常普遍，《大公報》社評謂之「持久不懈」。此外，為鼓勵義賣，教育家吳涵真曾編輯《義賣紀述》一書，也有不少在 1937 至 1938 年間義賣的紀錄。有關的研究見內地香港史家余繩武及劉蜀永編著之《20 世紀的香港》，編者以港人熱衷義賣救國之事，表揚其共赴國難之心。見〈持久不懈的義賣運動〉，《大公報》，1938 年 9 月 2 日，1 張 2 版；吳涵真編：《義賣紀述》（香港：國訊港社，1939 年）及余繩武、劉蜀永編：《20 世紀的香港》（香港：麒麟書業有限公司，1995 年出版、1998 年再版），頁 148-152。

47　《大公報》一連兩天報道了這次盆景義賣，分別是〈六宜社舉行盆栽石山義賣〉，1938 年 9 月 12 日，2 張 6 頁及〈港五行獻金亟求推廣 六宜社義賣別饒風趣〉，1938 年 9 月 13 日，2 張 6 頁。

織，[48] 除蘇劍如外，重要成員尚有四人，包括前述在九龍青年會上佳作屢出，大放異彩的何星儔、有份建設粉嶺安樂村之華商馮鏡湖、[49] 出入口商人及「影院巨擘」龐麗生和前清秀才黃偉白。[50] 由於他們的年齡稍長，因此合稱為該社「五老」。平日，五老以「閒情逸致之雅人」自居，專門收集「消閒物」。至於什麼是消閒物？決定組織義賣時，蘇氏與社員紛紛把「數十年來心血結晶掃數捐出」，當中全是「各玩家捐贈之盆栽與石景多種」，[51] 也就是說他們平日收集的「消閒物」便是盆景了。

現代工業社會改變了人類對時間的定義，如何分配一天？上班以外的時間算是什麼？閒暇的概念因而出現。可是，閒暇往往不是任由人們自由支配，也不可能是隨人心而所欲，比如我們被鼓勵抱擁有益於社會的興趣，排斥一些被定義成不良的嗜好。盆景向來被視為文人、富有的象徵，雖然在香港屢屢使外國人驚嘆，但在本地華人社會尚為一種「清雅」及「饒有興趣」的消閒。在國難當前之際，儘管社

48 九龍塘自二十世紀初以「花園城市」概念為藍本建設，歷經建設、罷工等問題，在 1930 年代成為香港中上階層居住區，詳見何佩然：《城傳立新：香港城市規劃發展史（1841-2015）》（香港：中華書局，2016 年），頁 92-5。1927 年，《香港華字日報》記者遊九龍塘有以下的見聞：「有洋樓一百四十五所之多，每所必有園景，以園林獨多之故，人遂美其名曰『花園城』」，見〈遊九龍塘之所見〉，《香港華字日報》，1927 年 7 月 1 日，2 張 3 頁。

49 陳國成：《香港地區史研究之三：粉嶺》（香港：三聯書店，2019 年），頁 117。

50 〈本港殷商龐麗生〉，《工商晚報》，1946 年 4 月 30 日，頁 4。

51 〈六宜社舉行盆栽石山義賣〉，1938 年 9 月 12 日，2 張 6 頁；〈港五行獻金亟求推廣 六宜社義賣別饒風趣〉，1938 年 9 月 13 日，2 張 6 頁。

會沒有責難，但盆景愛好者在心理上出現矛盾。[52] 為了讓他們的休閒有益於國家，他們感到「非起來參加紓難不可」，因此把珍藏之盆景拿出來進行救國義賣。在義賣當天，六宜社掛起了一副對聯，謂：「在老夫傾園救國，望諸君集腋成裘」，其情悲憤，教記者不得不以「義舉」稱之。[53]

事實上，不但盆景，整個香港園藝界也在因應時局而改變。誠如前述章文才之觀察，香港居民都喜愛在樓窗上，種植幾盆葵葉一類的花草，以作點綴。[54] 是故，一些華人基督徒忽發奇想，假如把用作點綴的盆栽，改造成糧食生產的盆栽，供自給自足之用，不就解決糧食短缺等問題？受此想法刺激下，九龍青年會的華人基督徒組織戰時糧食盆栽研究會，其宗旨為：增進戰時糧食生產，「提倡有意義之園藝盆栽運動」。[55]

據《現世報》的報道，香港戰時糧食盆栽會大受歡迎，不但吸引為數不少的青年加入，「他們常常開會，常常議決，其熱心殊不下於召集什麼救亡愛國會」。[56] 由此可見，一旦國難當前，園藝的意涵亦有所改變，成為當時社會之

52 就閒暇及民族主義的問題，可參考潘淑華：《閒暇、身體與政治：近代中國游泳文化》（臺北：臺大出版中心，2021 年）。

53 〈六宜社舉行盆栽石山義賣〉，1938 年 9 月 12 日，2 張 6 頁；〈港五行獻金亟求推廣 六宜社義賣別饒風趣〉，1938 年 9 月 13 日，2 張 6 頁。

54 章文才：〈海外園藝通訊（一）〉，《農林新報》，第 12 年 23 期（1935 年 11 月 11 日），頁 782。

55 〈戰糧盆栽會 擴大糧食生產〉，《香港工商日報》，1938 年 1 月 20 日，版 4；另參考〈實行擴大糧食生產運動 戰糧盆栽會徵求僑胞〉，《香港工商日報》，1938 年 3 月 6 日，3 張 3 版；〈行擴大糧食生產運動 戰糧盆栽會舉行展覽〉，《香港工商日報》，1938 年 3 月 17 日，3 張 2 版。

56 〈想入非非的「糧食盆栽會」〉，《現世報》，1938 年 8 期（1938 年 6 月），頁 8。

需的精神文化。誠如盆栽、盆景，作為因園藝文化而興盛的「物品」，即使其本質仍然離不開藝術玩意，或是商業消費品，一旦社會風氣有所變遷，盆栽、盆景也需變為救國之物，不然則會落入「國難當前，風花雪月」之罪名。

芥子之間，故國家園

第二章

香港嶺南盆景的形成與盆景「國貨」化（1950至60年代）

第二次世界大戰期間，香港盆景文化因戰火中止，然而戰後二十年間香港盆景藝術便進入一個嶄新時期。根據本港盆景界的記憶，六十年代是香港盆景的「分水嶺」，因為在此之前，香港盆景「保有傳統舊作風」，然自六十年代開始以廣州為中心的嶺南派盆景風格開始影響香港，在南來大師與本地愛好者的擁抱之下，香港的嶺南盆景自始形成。[1] 究竟這二十年來出現了什麼變化？

1957 年，《中國學生周報》刊載了一篇介紹中國盆景藝術的文章，有系統地簡述盆景藝術的歷史發展、盆景與盆栽的劃分以及製作盆景的題材、材料和方法，最後該報記者不無感慨地指：盆景乃「置山水於几案之上，納須彌於芥子之間」，「賞玩之下，少不免會引起你的故國家園之思」。[2] 從上一章可見，香港多以「清雅」、「饒有趣味」來形容盆景，使這項興趣呈現「文人賞玩」和「風花雪月」之情故，與近代以來閒暇被民族主義化的潮流可謂大相徑庭，最終六宜社五老以「傾園救國」之義舉來解決「閒情逸致」之矛盾。然

1 梁祥：〈香港盆景藝術的發展與石苑的建成〉，載黃氏家族編：《石苑選粹：黃基棉先生盆景藝術紀念集》（香港：黃氏家族，2002 年），頁 124。

2 白頭翁：〈介紹山水盆景〉，《中國學生周報》，第 236 期（1957 年 1 月），1 版。

而，在上世紀五十年代，盆景已經擺脫消閒與救國之爭，進而蛻變成重要的「國貨」之一，不但代表着傳統中國的藝術與文化，甚至成為港人對國家的一種憑寄。

戰後兩個重要的發展促使上述的變化得以實現，首先為了逃避二戰與及其後爆發的國共內戰，不少原來生活在內地的藝術家決定移居香港，當中包括從上海和廣東南來的盆景家。當落戶在香港後，他們一方面嘗試將技法帶到香港，另一方面亦積極地向公眾推廣，使盆景文化日漸在六十年代後期興盛起來，成為當時大眾的閒娛之一。

除此之外，戰後經濟發展促進了本地花卉植物貿易的發展，不少從內地進口植物的公司及園藝場乘時而起，同時出售盆景。為促進本地民眾對盆景的消費意慾，盆景不再是只屬文人、精英消費的清雅之物，反而是能夠勾動民族主義情懷的「國貨」。與此同時，因應本地對盆景的愛好和需求，新界各處開始湧現專門供應盆景所需「盆樹」及「石山」的行業，並且出口至海外，如新加坡等地。

本章的目的是從藝術和商業的角度考察戰後盆景的發展。首先，本章的第一節討論一名自上海南來的盆景家周世勳。從他的經歷，我們可以發現香港盆景藝術如何在二戰前後過渡，特別活躍於戰前的本地盆景家已經相繼離世後，香港盆景界如何憑藉南來的盆景家重拾動力。同時，周世勳的著作反映着民國時期孕育出的盆景技巧如何落戶香港，並在這座人煙稠密的都市重新定位，為往後起盆景藝術的蓬勃發展奠下基礎。然而，與周世勳同時南來的，還有一班來自廣東的嶺南派盆景大家，而他們在六十年代取代了周世勳成為香港盆景的主流。本章第二節不但會發掘這批愛好者的早期經歷，同時通過分析 1961 年的一次展覽，討論嶺南派盆景如何虜獲香港民眾的喜好，成為日後香港盆景的主流。最後，第三節會展示五十至六十年代盆景貿易、行業與市場的興起和運作，同時分析商人如何利用不同形式的展覽將國貨與盆景結合。

第一節　南來花王周

1954 年 10 月，《華僑日報》刊登〈藝術盆景談趣〉一文，其續篇介紹了一名在國共內戰後從上海來港的盆景家周世勳（筆名為花王周），[3] 將他與當時內地著名的盆景家周瘦鵑和孔志清並列，並指出：

> 有人談起佈置盆景的技巧，大家都會推崇周世勳；同時，也自然的翹起大拇指來。[4]

可惜的是，此人非但不見於現時有關盆景發展史的研究之中，也從未出現在我們訪問過的盆景家的記憶內。因此，從上述的文章出發，本章必須要釐清一個重要問題：究竟周世勳是何許人？

3　周世勳筆名為花王周，可見方光輯錄、凌亦清整理：〈香港作家筆名別號錄（三）〉，《文學研究》，3 期（2006 年秋季），頁 194。

4　曉郭：〈藝術盆景談趣〉，《華僑日報》，1954 年 10 月 4 日，3 張 3 頁。

關於周世勳的生平，民國時期上海一份名為《跳舞日報》的小報，曾以戲謔的語氣介紹，表示他出生於 1901 年的南京，年幼時天資極高，及後曾投身電影界及在上海經營舞場。[5] 沒有確切的資料顯示他何時開始接觸盆景藝術，但根據他的個人自述，在抗戰期間，他放棄了舞場工作，轉職在朋友創辦的大觀藝圃主持園藝部，並「出售盆栽盆景」。[6] 同時，他也自設「小景園」，「專製名勝盆景」作出售之用。[7] 戰後因經濟混亂，大觀藝圃結束營業，他曾一度希望把過去藝圃的盆景作公開展出，可惜一直未有下文，曾被取笑「似菩薩未塑，先捏成一個卵子耳」。[8] 最終，他把這批盆景分送親友後，便在 1948 年離開上海南下香港。[9]

移居香港後，周世勳重操故業，先後在永華和邵氏兩大製片公司工作，擔任宣傳部主任。[10] 由於戰後片廠集中在九龍城一帶，他也先後寓居何文田街、九龍城秀竹園道及馬頭圍道。[11] 大約在 1954 年，周世勳離開邵氏公司，閒居一處名為「龍園」的花園洋房，一方面「地處清幽，空地極多」，適合「玩花」，另一方面「閒居無俚」，便「轉念到盆景上

---

5 〈周世勳縮寫〉，《跳舞日報》，1941 年 3 月 25 日，頁 2。

6 花王周：《盆栽與盆景》（香港：宏業書局，1967 年），頁 2；按另一上海報章《社會日報》記錄，大觀藝圃乃大華畜植公司附設，由張中原、江寒汀、倪埜盧及周世勳主持，見〈大觀藝圃〉，《社會日報》，1944 年 1 月 11 日，頁 2。

7 〈周世勳自辦小景園〉，《新聞報》，1944 年 5 月 10 日，1 張。

8 漫郎：〈周世勳盆景展覽事〉，《誠報》，1948 年 1 月 7 日，1 版。

9 花王周：《盆栽與盆景》，頁 2。

10 曉郭：〈藝術盆景談趣〉；，1954 年 10 月 4 日，3 張 3 頁。

11 鍾寶賢：《香港影業百年》（香港：三聯書店，2004 年），頁 127-129。

去」。於是，他在龍園「栽種了十多盆老木椿，八九盆山水盆景」，[12] 甚至在園內舉行了一次「含有詩情畫意之盆景展覽會」。[13] 可惜及後一場大火，使他的盆景皆付之一炬。[14]

隨後，周世勳遷居至馬頭圍道，「一座三等大廈六樓」的單位中，同時繼續製作盆景及舉行展覽。[15] 除此之外，報章上開始出現對周世勳作品的介紹，類似廣告般，呼籲讀者在臨近新年及冬至期間，聯絡周世勳購買由他製作的盆景。[16] 可是，惡劣的衞生條件及擁擠的居住環境迫使周世勳放棄製作盆景，他回憶花架上時有由樓上拋下的垃圾，包括魚骨、煙蒂等等。此外，每當澆水時，都會遭受到樓下的指責。因此，為了鄰里和睦，周世勳決定不再製作盆景，同時悟出在香港「玩花」的三大戒條：

> 一是居住環境不良不玩；二是狗多、小孩多的地方不玩；三是同居者不是同道不玩。[17]

雖然如此，周世勳發現了另一個愛好，便是「喜歡看人家玩」，甚至「幫着人家玩」、「教人栽種」。[18]

---

12 花王周：《盆栽與盆景》，頁 4。

13 〈著名園藝家周世勳將舉行畫意盆景展〉，《華僑日報》，1954 年 7 月 16 日，3 張 3 頁。

14 花王周：《盆栽與盆景》，頁 4。

15 〈周世勳下月舉行盆景展覽〉，《華僑日報》，1956 年 6 月 3 日，3 張 1 頁。

16 〈周世勳製盆景〉，《華僑日報》，1956 年 1 月 15 日，3 張 1 頁及〈周世勳製山水盆景〉，《大公報》，1956 年 12 月 16 日，2 張 5 版。

17 花王周：《盆栽與盆景》，頁 5。

18 同上，頁 5。

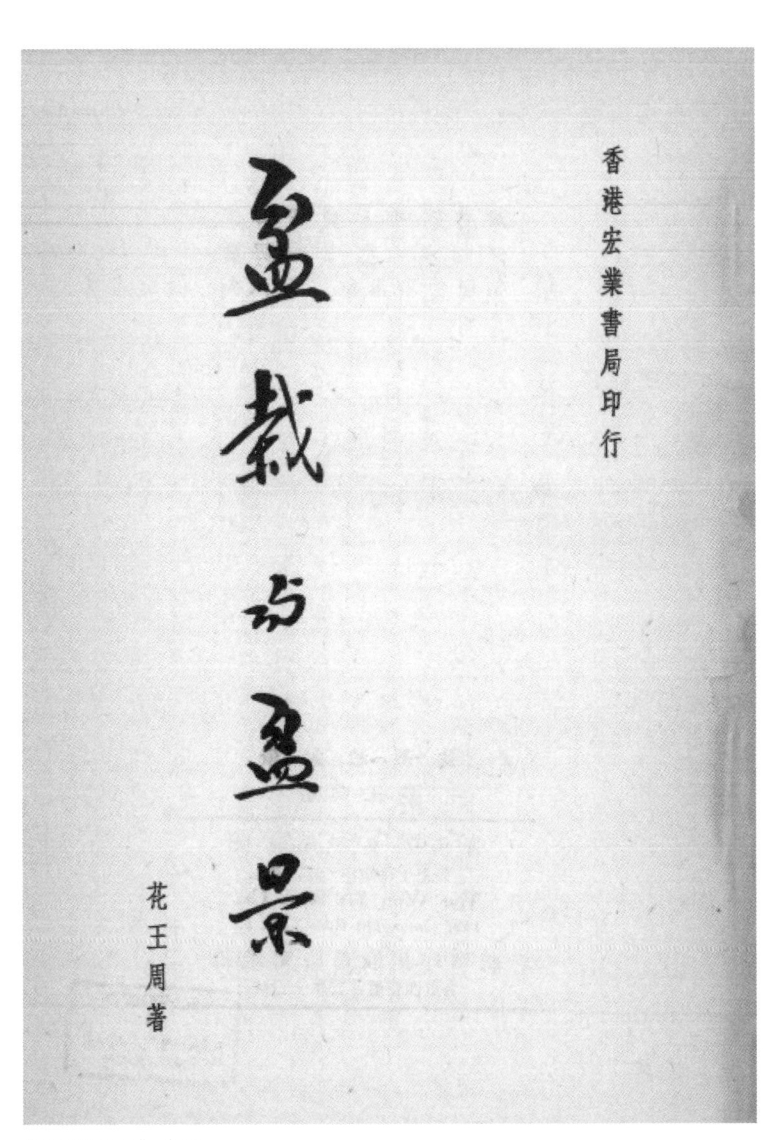

《盆栽與盆景》書影

於是，找到新愛好的周世勳開始在報章上刊登文章，介紹盆景的意涵和製作方法。舉例而言，周世勳在 1958 年曾以〈畫意盆景〉為題，介紹盆景取材及景意。[19] 自六十年代起，周世勳開始出版不同有關園藝、種植、盆栽及盆景的書籍，包括《花樹情趣及栽培常識》、《盆栽與盆景》、《插花．盆景．盆栽》、《花卉栽培手冊》等。[20] 這些書籍不但是香港最早專門討論盆景的書籍，也提出了許多有關盆景的理論。

周世勳盆景理論的核心是「四美」，包括了佈局、配置、彫琢及培養四個層次，詳細而言，他指：

> 詩人情懷，畫家筆意，彫琢玲瓏，栽培得宜。[21]

周世勳向來重視盆景藝術的文化含意，用以與市場上一些由「花匠」製作販賣的盆景作分別。因此，他認為製作盆景「第一是找尋題材」，後配材料，最後才着手裝置。至於如何選題，他大致分成三種形式的盆景，並分別建議詩句作題以及合適的素材：

19 周世勳：〈畫意盆景：小橋流水人家〉，《華僑日報》，1956 年 6 月 26 日，4 張 2 頁；〈畫意盆景：一生好人名山遊〉，《華僑日報》，1956 年 6 月 27 日，3 張 3 頁及〈畫意盆景：綠樹蔭濃夏日長〉，《華僑日報》，1956 年 7 月 1 日，3 張 3 頁。

20 花王周：《花樹情趣及栽培常識》（香港：宏業書局，1965 年）、《盆栽與盆景》、《插花．盆景．盆栽》（香港：宏業書局，1974 年）、《花卉栽培手冊》（香港：宏業書局，1977 年）。

21 花王周：《盆栽與盆景》，頁 131。

盆景形式	詩句	素材
以樹為主	採菱小艇繫籬根、家有修篁綠滿軒、楊柳依依綠映門、栽花種竹滿平園、綠筍侵階竹數竿、楓林初染早霞丹、與君清耳聽松湍、長松留暝寺門關、秋聲正在樹中間、竹邊人語夕陽閒	以樹為主的盆景主要以「松、竹、梅」為最上品，可是香港不產梅，「松亦不多見」。竹雖不及江南，然「尚能強差人意」，故建議的詩句以竹為主。
以山為主	十里青山馬上看、江南江北青山多、玉山高並兩峰寒、亂峰深處是吾家、苔色青山酒一罇、碧山茅屋臥斜陽、山寺無人半掩門、卻指雲山認故鄉	以石為主的盆景，最好以「沙積石」為之，次者為「太湖石」，再次為「英石」。可是，周世勳認為在香港找不到品質好的石，即使找到，定是「代價也很貴」。
以人為主	脫巾高臥對疏篁、琴聲常伴讀書人、走馬春郊細柳黃、人向青山缺處行、有錢惟欲買湖光、西風江上片帆歸、石泉秋水煮茶香、山色留人倚落暉、門外山童掃落霞、柳蔭人荷一鋤歸、馬蹄同踏杏園春、倚枝穿花聽鳥啼	以人為主的盆景宜「先看人裝景」，本地山貨舖出售由宜興及廣州石灣而來的小人樣式不多，顏色又以大紅大綠為主，「塵俗氣過濃，不合實用」。

按上述的詩句取題後，周世勳建議可以用「皮箋」，把題名寫在上面，這樣「你做的盆景，就益發高雅了」。[22]

確定題材後，便要配置合適的材料，包括盆、樹、石等。在選擇盆時，顏色「宜用淺色」，白色是最合適的，但藍色也可。至於樹，他認為「選屈不選直」，因為曲折多姿的樹型比呆板的直身較易安排和佈局。若要設置石山，沙積石鬆散可雕成山嶺，英石較硬可作假山等。至於屋亭、船及小人，各有不同的類型，而且盡量避免採用過濃的顏色，宜用淡色，「那末至少不會流於傖俗」。

確定題材和材料之後，製作者便要考慮如何展示，把不同的素材放在一起，但同時要具有藝術性。於是，他建議：

> 材料齊備之後，再把盆子放在桌上，彷彿畫家面對着紙素，凝神而思，研究推敲怎麼佈置。[23]

至於佈置時最重要的是如果經營位置，使整體畫面平衡，「當疏者疏，當密者密」，以及注意「遠近層次」和「高低比例」。最後，在玩賞時，必須要忌諱兩大戒條：「一是種時亂剪根莖，二是種後時時搖動樹木。」[24]

---

22 花王周：《盆栽與盆景》，頁 131-132。

23 同上，頁 135。

24 同上，頁 135-139。

第二節　嶺南第一流

除了周世勳把民國時期流行於上海的盆景風格帶到香港外，三十年代伊始在廣東形成的嶺南派盆景也在戰後進入香港。[25] 一方面，不少戰前在廣東生活的盆景家因逃避二戰及國共內戰而移居香港，包括伍若瑜、鄧香海等。[26] 另一方面在解放後，廣州盆景界曾一度發展蓬勃，盆景行業復興，愛好者相繼組織不同的「俱樂部」，包括盆景藝術研究會。六十年代初，廣州市曾舉辦了一場盆景藝術評選展覽。[27] 1962 年，為「使廣州盆景藝術得以流傳和觀摩」，發行了《廣州盆景》一書，[28] 均標誌着文化大革命前嶺南派盆景的「小陽春」。此時，廣州無疑是嶺南盆景的藝術中心，但粵港之間不乏交流，連繫着兩地的盆景藝術。

1960 年，三十多名香港的盆栽愛好者和書畫家聯合起來，在聖約翰副堂舉行中國盆栽書畫展覽。[29] 由於過去香港較少舉行盆栽展覽，報稱相當「罕見」及「另開生面」。[30]

25　王志英曾分析嶺南派和長江流域各地的盆景風格之分別，認為由於南方氣候溫暖多雨，植物生長茂盛，相反長江樹木較受風雪影響，以橫生為主。此外，嶺南派主張「蓄枝截幹」法，以修剪鋸截為主，故「蒼勁瘦硬」，而上海崇尚「枝葉成片」，較圓滑。參見王志英：《海派盆景造型》（上海：同濟大學出版社，1987 年），頁 3。

26　伍宜孫：《文農盆景》，頁 55。

27　吳培德：《中國嶺南盆景》（廣州：廣東科技出版社，1995 年），頁 203。

28　廣州盆景藝術研究會編：《廣州盆景》（廣州：盆景藝術研究會，1962 年）。

29　發起人包括：楊永庥、吳寶泰、潘劍帷、戴鴻、盧樹屏、徐洪培、雷君軾、謝陶庵、藤香室、緣山室、蘊正齋、鄧芬、馬武仲、何建章、羅原覺、劉均疊、黃般若、伍步雲、陳福善、高貞白、馬賓甫、楊慎德、葉靈鳳、蕭壽民等。黃般若著，高美慶、黎淑儀編：《黃般若的世界》（香港：香港中文大學文物館，1995 年），頁 38。

30　〈一個別開生面的中國盆栽書畫展覽〉，《大公報》，1960 年 7 月 9 日，2 張 5 版。

發起人之一，銀行家（曾任中國銀行襄理）謝陶庵為該展覽撰序，[31] 謂：

> 對於盆栽方面，十餘年來輒愛寄閒於此，經營灌溉，修剪扶持，寒暑無間：或偶約朋儕雅集，相與品評，頗饒逸興，茲值此次舉行盆栽書畫展覽，深感此舉足以引起各界對於盆栽及書畫藝術之普遍興趣，從而發揚光大我國固有之文化藝術……[32]

展覽者中或有個人，或有私人花園，[33] 展品普遍以榆、茶、竹、松、九里香、酸味為主，「表現了南中國賞玩性植物的特色」。[34] 為了更出色地陳列，每個盆景更配以明清時期的酸枝几。[35] 展覽成功吸引了近四千名參觀者，得到一致好評，許多「參觀者被那各具獨特姿態的景致吸引住」。[36]

中國盆栽書畫展覽成功勾起香港各界對盆景的興趣，「為適應本港人士之雅興」，同年中華書局在廣州搜羅二百餘件作品，特別舉辦盆景書畫展，以供有興趣者欣賞及購

31 〈永昌押店轉讓纏訟案〉，《華僑日報》，1964 年 7 月 1 日，2 張 2 頁。

32 （謝）陶庵：〈中國盆栽書畫展覽序〉，《華僑日報》，1960 年 7 月 13 日，4 張 2 頁。

33 〈中國盆栽書畫展覽會盆栽展出者及其品名〉，《華僑日報》，1960 年 7 月 13 日，4 張 2 頁。

34 〈盆栽書畫展今開幕〉，《大公報》，1960 年 7 月 13 日，1 張 4 版。

35 鄭齋：〈盆栽展覽小記〉，《華僑日報》，1960 年 7 月 15 日，4 張 1 頁。

36 〈盆栽書畫觀者讚好昨加展名貴靈碧石〉，《大公報》，1960 年 7 月 15 日，2 張 5 版；〈中國盆栽書畫展覽今天最後展出〉《大公報》，1960 年 7 月 16 日，2 張 5 版；〈盆栽書畫展覽閉幕〉，《大公報》，1960 年 7 月 17 日，1 張 3 版。

買。當中不少作品出自嶺南派大師，如孔泰初、陸學明等等。[37] 由於中國盆栽書畫展覽引起的熱情尚未減退，加上相關主題的展覽較少在香港舉辦，因此吸引不少參觀者。[38] 甚至因為二百餘盆盆景紛紛被選購，中華書局需要中途增加五十餘盆新品。[39] 鑒於參觀者人數為多及反應之熱烈，《大公報》認為「可見本地人士對祖國藝術愛好之一」，[40] 因此中華書局預告在冬天或多舉辦一次盆景展覽。[41]

由於取得 1960 年的成功，盆景愛好者決定在次年再一次舉辦展覽，並將之命名為中國盆栽藝術展。[42] 根據報道，是次展覽的發起人為陳錦德、楊永庥、謝陶庵、侯寶璋、何建章、吳寶泰、馬武仲、羅原覺等人，目的是將盆景（栽）這一項中國藝術介紹給更多香港人。更具突破性的是，是次展覽除了一眾本地盆景愛好者的作品外，也邀請了廣州嶺南派的大師，如孔泰初、素仁和尚，把作品送來香港展出，匯集了「省港的盆栽專家」。[43]

與上年的展出一樣，這樣不常見的展覽吸引了中外不少參觀者，甚至許多來自新界的愛好者也前來參觀。他們表

---

37 〈中華書局盆景展覽〉，《大公報》，1960 年 7 月 18 日，2 張 5 版；〈中華書局舉行盆景書畫展覽〉，《華僑日報》，1960 年 7 月 18 日，4 張 1 頁；〈中華書局昨起舉辦盆景書畫展覽四天〉，《華僑日報》，1960 年 7 月 19 日，4 張 4 頁。

38 〈盆景書畫展〉，《華僑日報》，1960 年 7 月 20 日，4 張 3 頁；〈盆景書畫展今最後一天〉，《華僑日報》，1960 年 7 月 21 日，4 張 1 頁。

39 〈中華盆景書畫展增新品種五十盆〉，《大公報》，1960 年 7 月 20 日，2 張 5 版。

40 〈盆景書畫展覽圓滿閉幕〉，《大公報》，1960 年 7 月 22 日，2 張 5 版。

41 〈盆景書畫展昨圓結 擬秋冬間再行舉辦〉，《華僑日報》，1960 年 7 月 22 日，4 張 3 頁。

42 〈中國盆栽藝展月底展出聖堂〉，《華僑日報》，1961 年 5 月 19 日，4 張 2 頁。

43 〈中國盆栽今開展〉，《華僑日報》，1961 年 5 月 30 日，4 張 2 頁。

示這些數目之多的名師佳作，平日連當中之一都不會有機會看到，因此在香港很難得有這樣的盛會。[44] 對於一般參觀者而言，他們發現一棵貌似很大的大樹，「感覺到它有二三丈高」，卻放在盆中，是「把大自然的境界縮在一個盆子裏」。[45] 至於外國的觀眾，從這些佳作，「也可以看到中國文化的深厚和歷史的久遠」。[46] 有趣的是，根據報道，周世勳雖然沒有參展，但卻是最積極的參觀者，展覽還未開始已經到達，成為第一位入場者。[47]

與前年相比，1961 年的中國盆栽藝展不但從書畫等藝術中把盆景獨立出來，更有意識地標榜「嶺南盆景」。由於把香港與廣州的名家大師佳作匯集，是次被認為「展出的都是嶺南盆栽名手」以及「嶺南盆栽藝術的第一流作品」。[48] 雖然不少參展者同意，以後應該「加入江南派和北派風格」，[49] 但是次以嶺南派為主的展覽，一方面將廣州與香港嶺南盆景家緊密地連繫於一起，同時也使本地玩家把心機集中於嶺南風格上。誠如梁祥的回憶：

> 廣州盆景在香港聖約翰副堂展覽，因精品甚多，更有嶺南大師作品不少，是以吸引甚多市民參觀。同

44 〈中國盆栽展覽今屆最後一天〉，《華僑日報》，1961 年 6 月 3 日，4 張 3 頁。

45 〈盆栽展今天第三天〉，《華僑日報》，1961 年 6 月 1 日，4 張 3 頁。

46 〈中國盆栽藝術今天繼續展覽〉，《華僑日報》，1961 年 6 月 2 日，4 張 1 頁。

47 〈盆栽展今天第三天〉，1961 年 6 月 1 日，4 張 3 頁。

48 〈中國盆栽今開展〉，1961 年 5 月 30 日，4 張 2 頁；〈中國盆栽藝術今天繼續展覽〉，1961 年 6 月 2 日，4 張 1 頁。

49 〈五天觀衆多 盆栽展圓滿〉，《華僑日報》，1961 年 6 月 4 日，4 張 1 頁。

> 時有廣州盆景圖冊印行，供觀眾閱讀。是以愛好盆景者，流連忘返，因而引發很多人對盆景藝術的興趣與愛好。[50]

第三節　國貨盆景

除了藝術上的突破，戰後香港經濟發展使花卉、植物行業發展起來，盆景亦因此成為流行的商品之一。作為應節商品，年宵市場攤位除了出售年花、古玩等貨物外，盆景也是熱賣的佳品。[51] 葉靈鳳曾經撰寫〈年宵花市〉一文，記述他在年宵的見聞，並提及在攤位看到不少賣花攤位出售下列年貨：

> 盆栽的還有玫瑰、月季和海棠，後者多數同仙人掌、羅漢松陳列在一起，已經屬於盆景的範圍了。[52]

和其他花卉、植物貨品一樣，盆景主要經中介商從內地入口到港販售，然而新界也日漸成為輸出地之一。

從內地進口盆景者，主要是在本港設立的園圃，包括醉華園、寶華園等，同時本港的國貨公司也不時在臨近新年之

50　梁祥：〈香港盆景藝術的發展與石苑的建成〉，載黃氏家族編：《石苑選粹：黃基棉先生盆景藝術紀念集》，頁 124。

51　不少有關年宵盛況的報道皆提及盆景，舉例如下：〈春節景色漸濃年宵攤位今全開市〉，《大公報》，1955 年 1 月 22 日，1 張 4 版；〈桃花王今天將露面〉，《大公報》，1965 年 2 月 10 日，2 張 5 版。

52　葉靈鳳：《香港方物志（彩圖版）》（香港：中和出版，2017 年），頁 291。

際，推出內地的盆景販賣。1959 年，時近新年，醉華園和中國國貨公司引入大量盆景，以供市民購買。當時，盆景的售價以七元至一百二十元不等，甚至有超過百年的羅漢松。除了鼓勵市民購入以「歡度春節」外，也建議「大的可點綴亭園，小的可作案頭擺設」，以應對香港較為擠迫的居住空間。[53]

為了促進銷售，園圃及國貨公司致力突顯盆景的「中國性」和「藝術性」，並以國貨的形象作宣傳。六十年代，不少園圃及國貨公司舉辦了多場國貨盆景展覽，使兩者的關聯更為緊密。舉例而言，1965 年，北角華豐國貨公司因在廣州秋季交易會中購入一批產自桂林的盆景，[54] 因此特意在公司內陳列展出，吸引買家。[55] 次年 9 月，華豐國貨擴大規模，舉行「國產盆景、鳥、魚展覽」。單就盆景部分，展出超過三千多盆，由專家在上海、蘇州、杭州、廣州、福建及廣西搜羅而來，「把著名風景區縮影在盆景中，多彩多姿，各異其趣」，任供選購。由於盆景是「本身具有自然韻景與藝術加工相結合的藝術產品」，因此華豐國貨「加以精心佈置，有如置身園林之中」。[56]

自 1965 年起，位於九龍窩打老道（與衛理道交界的火

---

53 〈觀盆景賞牡丹 醉華園添春色〉，《大公報》，1959 年 1 月 7 日，1 張 4 版；〈盆栽盆景雅淡宜人〉，《大公報》，1959 年 1 月 29 日，2 張 5 版。

54 六十年代，中國國貨、大華國貨、中僑國貨、華豐國貨及裕華國貨合稱五大國貨公司，參見鄭宏泰：《彌敦道上：金光舊夢換新顏》（香港：中華書局，2021 年），頁 284。

55 〈北角華豐國貨公司展出桂林山水盆景〉，《大公報》，1965 年 11 月 21 日，1 張 3 版。

56 〈國產盆景鳥類金魚週末起展出十六天〉，《大公報》，1966 年 8 月 31 日，2 張 5 版；〈國產盆景鳥魚今天開始展出〉，《大公報》，1966 年 9 月 3 日，2 張 6 版及〈盆景展覽最後三天〉，《大公報》，1966 年 9 月 16 日，2 張 5 版。

車橋側）的醉華園更曾多次舉辦展覽，一方面宣揚中國盆景藝術，另一方面促銷自內地入口的國產盆景。1965 年的展覽，集合了五、六百盆由廣西、廣東和上海等地而來的盆景，標榜「集桂林山水、廣東風光、上海勝景於眼前」。價值最高以廣東和廣西出品之石山盆景為最，需要近千元，其餘還有標價「十元八塊」一盆的。[57] 這次展覽共吸引七千多人參觀，其中下訂亦多，更有畫家專門到場寫生，可見社會大眾對盆景之興趣。如此一來，反映了本港對內地盆景有一定的需要，尤其醉華園經理解釋他們是「為了滿足各界同胞對石山盆景的愛好」。[58] 同時，觀眾在參觀期間，自然便將盆景與國貨連繫，《大公報》甚至表示他們「在細意欣賞內地藝人的精巧技藝後，其中一觀眾在意見書上寫着：『祖國盆栽千里轟，醉華園裏巧天工』」。[59]

除了來自內地的國產盆景外，直接到郊區選購植物、時花及盆景也是一個不錯的選擇。五十年代，每逢年宵，「港九人士多喜駕車前赴新界各農場墟市，選購時花盆景」。[60] 因應市區對盆景等花卉商品的需求不斷上升，不少新界農民開

57 〈國產石山盆景展覽 醉華園明天起舉辦〉，《大公報》，1965 年 11 月 24 日，1 張 4 版；〈國產盆景石山昨日開始展覽〉，《大公報》，1965 年 11 月 26 日，2 張 5 版。

58 〈國產石山盆景展覽 醉華園明天起舉辦〉，1965 年 11 月 24 日，1 張 4 版。

59 〈國產石山盆景展覽閉幕〉，《大公報》，1965 年 12 月 13 日，2 張 5 版。其後的展覽可參考〈石山盆景精巧罕見醉華園週末起展覽〉，《大公報》，1966 年 5 月 12 日，2 張 5 版；〈醉華園今展出精巧石山盆景〉，《華僑日報》，1966 年 5 月 14 日，4 張 1 頁；〈收秀木奇峯於眼底看醉華園的石山盆景展覽〉，《大公報》，1966 年 5 月 15 日，2 張 5 版；〈石山盆景展覽六千人次參觀〉，《大公報》，1966 年 5 月 21 日，2 張 5 版；〈醉華園盆景展明日開始舉行〉，《大公報》，1967 年 5 月 6 日，1 張 3 版。

60 〈盆景四季桔係大陸貨色〉，《香港工商日報》，1957 年 1 月 29 日，頁 5。

始改為市區提供花卉、植物。據報新界出產之時花、盆栽在港九，甚至新界本地，不乏買家，其「收入可解決生計」。[61]

與此同時，由於香港對柴薪的需求下降，[62] 原擁有「松山牌」合法砍伐樹木以供應市區柴薪的新界居民需要轉型，[63] 尋找新的收入來源。[64] 本書的受訪者之一藍戊發先生，就是在這樣的契機下，以販賣樹胚、樹樁為生，成為本地盆景素材供應商。作為沙田排頭村的原居民，他擁有松山牌，獲准

---

61 〈植物欣欣向榮新界蒔花暢銷〉，《南洋商報》，1968 年 4 月 18 日，頁 15。

62 自開埠至上世紀六十年代，柴薪無疑是香港華人的主要燃料，這曾使在港歐洲人大感疑惑：為什麼他們不喜歡用煤等代替燃料？參考 Robert Peckham, "Hygienic Nature: Afforestation and the Greening of Colonial Hong Kong," *Modern Asian Studies*, Vol. 49, Iss.. 4 (July 2015), pp. 1-33。但自六十年代起，由於火水爐、石油氣及煤氣的興起，柴薪似乎失去了過去的重要性。與此同時，火水較柴薪更易於使用與搬運，亦無須過多地方儲藏，其價格亦不比柴薪為貴，例如每擔進口的柴薪由 1959 年的 8.3 元上漲到 1963/64 年的 9.23 元；反之火水的四加侖由 1958 年的 7.2 元下跌到 1963/64 年的 6.3 元，導致火水的使用率提升，政府停止存儲柴薪，於 1964 更關閉在荔枝角的柴倉。因此，柴薪入口商之數量由 1958 年的 20 家，下跌至 1964 年的 4 家；批發商亦由 26 家減至 5 家，可見柴薪之地位一去不復返。香港工商業管理處統計科：《一九五八年至一九六三 / 一九六四年生活費用調查》（香港：政府印務局，1965 年），頁 80-81。

63 松山牌者，村民需要每年付費續約，假如村民能遵守條文規例，而且其種植園被評為甲級（A Plantation）狀態，他們得以以 2% 的折扣續約；假如種植園為乙級（B Plantation）狀態，其牌照費用則維持不變；假如他們未能遵守條文，其牌照則會在隔年被收回。至於條文內容包括村民只可在被劃分的範圍內，劈伐其所種植的四分之一之松樹，其他品種的樹木一律被禁止，他們更不能阻止其他人士（grass cutter）在其範圍內進行除草的行為 。見 Richard Webb, "The Use of Hill Land for Village Forestry and Fuel Gathering in the New Territories of Hong Kong," *Journal of the Hong Kong Branch of the Royal Asiatic Society*, Vol. 35 (1995), p.149；許舒：《新界百年史》（香港：中華書局，2016 年），頁 30；"Government Notification No 141," *The Hong Kong Government Gazette*, 7 April 1888, p.345；"Forestry Licenses," *The Hong Kong Government Gazette*, 24 February, 1905, p.166

64 於 1967 年《華僑日報》的導報中，其內文表示新界居民已有新的謀生方法。他們通過培植時花與盆景供應港九市民採購，已成為經年不斷的作業。當中盆頭菓木及盆景有獨特的經營模式，為新界農民帶來新的機遇，包括提供培植盆花、購入花盆等服務，較種菜受時價及產量影響為理想，亦不像種菜般受限於土地面積與水源關係，故此漸漸成為新界居民維生的方式之一。〈盆景菓木經營漸見興旺〉，《華僑日報》，1967 年 11 月 15 日，頁 10。

合法在山上劈樹。據他回憶，當時沙田有不少園藝公司，而他的家族亦然。藍戊發自小目睹香蕉盆景後，就深深迷上盆景。更令他意想不到的是，「原來賣樹可以賺錢」，故約在15、16歲時（1964年），藍先生加入盆景買賣行列。他的素材來源地主要是新界一帶，除了在破邊洲、蒲台島和果洲等地方收集外，在大埔橫嶺頭村、紅石門村一帶也發現有適合用作盆景素材的九里香、羅漢松；他亦會在大埔道及今日偉華中心一帶的農田種樹，以賣家身份，供應樹木給盆景愛好者。每當獲得新樹胚後，他便會致電顧客，告知顧客可到店舖裏選購。顧客抵達後，會挑選適合的樹型，以配合他們希望製作的盆景形態，因為部分天生樹型不適合再作修整，故需慎選。

藍先生進一步指出樹木的價格不一，既有「上千」，亦有「幾蚊」，豐儉由人。但大多時相對較大的樹胚才能賣出好價錢，如同古時「貴有貴玩，平有平玩」的情況。由於「賣樹」收入不菲，藍先生在六十年代的收入便有每月150元至200元，因此吸引不少人士加入，在上水、粉嶺一帶亦有盆景買賣。然而沙田的園藝公司口碑載道，盆景愛好者都集中在此地挑選，既有本地顧客，更有來自新加坡、日本的買家，前者甚至花費一千多元購買樹胚，更甚者是沙田更一度變為盆景愛好者的朝聖地，旅行團、旅遊社的導遊會帶旅客到此購買，站在農地兩旁選購，成為一時佳話。[65]

---

65 〈與藍戊發先生及凌略先生的訪問記錄〉，訪問日期：2021年6月9日。

石饒百態，
苑集群芳

第三章

香港的嶺南盆景與大師們（1970至80年代）

上世紀六七十年代，香港經濟發展，社會環境有所提升。一方面，市民大眾有閒暇與金錢，用作消費娛樂，因而造就盆景市場得以擴充；另一方面，原有的盆景市場網絡改變，除了依賴內地供應材料外，本地園藝人士也積極參與其中，在新界提供盆景材料和素材，引致本港盆景市場出現本土化的現象。

由於上述的發展，香港盆景界積累了為數不少愛好者，他們在七十年代聚集起來，決心有系統地建立組織，包括成立香港盆栽會（現為：香港盆景雅石學會），以及建立了香港絕無僅有的盆景勝地：石苑。在石苑的大門兩側，有對聯謂：「石饒百態，苑集群芳」。此聯彷彿在訴說香港盆景家們在七八十年代通過盆栽會及石苑連繫在一起，非但在藝術上交流，也通過舉辦不同的展覽，令大眾更了解嶺南盆景藝術。

與此同時，在大眾慢慢熟知嶺南盆景之際，香港湧現了不少盆景大師，包括伍宜孫、黃基棉及侯寶垣等。他們通過無限的創意與毅力，在香港的客觀環境下，改造了嶺南盆景的枝法與造景。這樣的創造力無疑對中國盆景的傳承尤其重要，因為內地盆景正在「文化大革命」的潮流下備受打擊。

石鏡百態
苑集羣芳
香港盆栽會
NORTH DISTRICT ARTS ADVANCEMENT ASSOCIATION LTD.
北區文藝協進會

石苑正門及對聯

事實上，在新中國成立後，一些社會風俗仍然在民間持續，盆景還被視為傳統文化技藝品之一，不但出現在重要的國家場合，[1] 也是文人雅士房間擺設必備品。在現實上，盆景不單有助城市綠化，也是當時中國重要的出口商品之一，有助國家獲取外匯。[2] 至於在文化層面上，曾歷經延安時代的徐老，就以盆景作比喻，勉勵北京工業學生，學習舊日堅毅不屈的精神，成為國家棟梁。[3] 一如明清時期的文人雅士，一般民眾也積極利用盆景來形塑他們在新時代的身份，因此不少有識之士的家中總是不約而同出現盆景作為擺設之一。而且，每每在訪問時，盆景總會是大自然愛好者的必需之物。當然，此舉有助內地花卉市場的發展，刺激民眾消費「國貨」，於國而言未嘗不可。[4] 因此，地方政府也在舉辦不同的盆景展覽，將盆景塑造為政府所認可的休閒玩樂之消費品，市民亦可通過購買及賞玩盆景，提升自己的身份形象。

---

1 當時，中國接見其他國家元首或慶祝重要節日時，都會以盆景裝飾會場，以此展現中國文化之細水長流。《光明日報》，1955 年 9 月 2 日，第 2243 期，1 版；1956 年 6 月 20 日，第 2530 期，1 版。

2 《光明日報》，1949 年 8 月 7 日，第 52 期，2 版。

3 「溫室裏培養出來的花朵雖然好看，卻經不起風霜；只有在艱苦環境中成長起來的松柏（盆景素材），才能經得起考驗。為什麼過去在延安能培養出那麼多優秀的幹部，就是因為那些同志聽從黨中央和毛主席的教導，和廣大群眾密切結合，敢於在艱苦困難中經受暴風雨的鍛煉。」《光明日報》，1961 年 2 月 1 日，第 4193 期，2 版。

4 按葛凱（Karl Gerth）在《消費中國：資本主義的敵人如何成為消費主義的信徒》一書中分析，為了推動中國實現工業化，推動經濟發展，政府會主導、引導市民的消費模式、習慣。政府通過宣傳（報章、廣告、日常生活等），將 1949 年以前的城市奢侈品，變為政府所默許的消費品，塑造為新社會階層認可的日常必需品，令市民對這些產生購買的慾望，而不是消費於國家所不認可的物品。葛凱（Karl Gerth）：《消費中國：資本主義的敵人如何成為消費主義的信徒》（臺北：臺灣商務，2021 年），頁 29-35。

然而在文革期間，盆景在舉國的浪潮下，仍然敵不過作為「消閒物」之惡靈，在一瞬之間被定義為「資產階級服務的作品」。1976 年，毛澤東呼籲群衆應「艱苦樸素，生活向低標準看齊，工作用高標準要求⋯⋯要處處注意抵制資產階級作風的侵蝕，限制資產階級法權⋯⋯所以在駐地搞庭院革命化，取消盆景、花窖，種果樹、蔬菜、油料作物，種些成材的樹木」。[5] 從此，盆景不再是政府默許的休閒玩樂之消費品。盆景大家如周瘦鵑因過往力倡蘇派盆景，被張春橋指控利用盆景搞復辟，瓦解人們鬥爭的意志，因不堪被批鬥而最終自殺身亡。[6]

由是盆景頓時變為危險之物，人人自危，家中的盆景被丟棄，也拋棄傳授相關知識，導致它不但不再流通於中國市場，也令內地盆景界出現文化斷層，除人才流失外，更影響在香港的盆景供應商。昔日通過進口中國盆景的園圃、園藝及國貨公司在此階段大受影響，難以再舉辦以中國盆景為主的「石山盆景」展覽，亦沒有貨源提供給香港盆景愛好者，以致這些愛好者轉而尋求新的供應商，間接推動香港盆景市場本土化，依靠本地所栽種的樹木，作為製作盆景的素材，繼而發展出帶有香港特色的盆景作品。

因此本章希望探討的問題是：在內地盆景受文革之影響下，香港盆景家提出了什麼理論，使嶺南派盆景能在香港發

5 《光明日報》，1976 年 9 月 15 日，第 9865 期，2 版。

6 王友琴：〈張春橋幽靈〉，轉載自《民間歷史檔案庫》，http://mjlsh.usc.cuhk.edu.hk/default.aspx，瀏覽日期 2022 年 2 月 1 日。

展。同時，香港盆栽會的成立標誌了香港盆景界進入一個嶄新階段，盆景家有意識地交流，把香港嶺南盆景帶到更高的層次，填補中國盆景發展在文革時期之空隙。因此，本章會通過各種歷史資料以及口述訪問，嘗試探索香港盆栽會的發展歷程，如何從餘興同志之結合，在鄉郊之一處打造出別具一格的嶺南園林，成為今日香港盆景之重地。最後，本章更要探詢一個七八十年代的獨有發展，政府如何與青松觀合作，通過合辦多次盆景展覽，打造新界新市鎮之賣點，推廣香港的旅遊業發展。同時，在各界的共同努力下，成功把香港的盆景文化，推向一個新的高度。

第一節　香港的盆景大師

在周世勳以及南來嶺南盆景的風潮之下，香港各界在七十年代已經對盆景藝術有許多認識。不但社會精英通過賞玩盆景來形塑個人身份，一般大眾也有志趣及經濟能力購買及擁有他們自身的盆景。與此同時，出於不同理由與動機，傳統宗教組織與政府參與在盆景藝術的推廣之中。然而，自七十年代起，盆景賞玩在一批具有相似社會及經濟背景的華商之間流行，他們進而成為了香港盆景界之砥柱。

本文所謂華商乃指從事銀行業、金融業的本地華籍商人，他們不約而同地在六十年代有志於賞玩盆景。根據藍戊發先生的回憶，有一批為數不少的大銀行家及商人常常到沙田的園圃選購製作盆景所需的下山樹樁，包括田記製麵食品廠創辦人黃丁田、振興糖果餅乾麵包製造廠創辦人何智煌、大生銀行創辦人馬錦燦、中國銀行前副主席謝啓鑄（陶庵）、恒生銀行前總經理黃基棉、恒生銀行創辦人何善衡和永隆銀行創辦人伍宜孫等人。由於謝啓鑄、馬錦燦及伍宜孫等銀行家是藍先生的顧客，也很熟絡，因此回憶表示「他們（華商們）是盆景癡，出手闊綽，從不討價還價」，謝啓鑄每次均花費萬多元跟他購買樹胚，經打理後，將盆景放置到深水灣香島道 50 號、佔地逾五萬平方呎的獨立屋中；另一名報業大亨，為了購買心頭好，曾「用車，用樓，去換一盆盆景」。[7]

在一眾華商愛好者的簇擁之下，香港盆景藝術開始從廣州嶺南派盆景的基礎下蛻變，更出現不少盆景大師，當中以伍宜孫、黃基棉和侯寶垣三人為表表者，因此下文將分別簡介他們所創的盆景技法和取得榮銜。

⌘ 甲、伍宜孫與「蓄枝截幹」

本書的第一章曾展示伍宜孫先生如何把香港盆景藝術發揚至北美及內地，以此引申香港在中國及國際盆景藝術發展過程中的重要角色。在這一小節，我們更多是通過他的著作，發掘他對盆景的心得與技法。

伍宜孫出身於嶺南盆景世家，他的祖父伍宜康及父親伍若瑜乃近世嶺南盆景的先驅之一，因此他幼承庭訓，自少耳

7 〈與藍戊發先生及凌略先生的訪問記錄〉，訪問日期：2021 年 6 月 9 日。

濡目染，便學習賞玩及製作盆景之法。[8] 自 1965 年起，因政府批出地皮，他在現今旺角火車站一帶（九龍亞皆老街火車橋腳），開設文農學圃。據報該園「倚山為園，小亭流水假石，池館森林扶疏，極具風景園林之勝」。[9] 文農學圃一方面放置他的珍貴作品，另一方面不時開放給社會大眾參觀，以推廣盆景藝術。[10] 至於取名文農學圃，他在一首自作的七律詩中指：

> 今時仍是昔時狂，差幸頑軀尚健康，髮白翻疑霜在鏡，顏紅却賴酒添妝。
> 餘年再讀書千卷，向晚猶臨字數行，疊石栽花還學圃，半從農作半從商。[11]

反映伍宜孫本人在心境上的追求，一方面是商人，另一方面希望兼顧文人及農人的身份。

自文農學圃成立後，伍宜孫多次以學圃的名義參加香港花展，甚至屢屢獲勝。[12]1968 年，香港市政局在大會堂花園

---

8 伍宜孫在〈盆景藝術縱橫談〉中指：「本人因先代祖父與父親都熱愛盆景，所以本人對此藝術，亦素感興趣，略識皮毛」。見伍宜孫：《文農盆景》，頁 50。

9 李凡夫：〈文農學圃主辦 盆栽展先睹記〉，《華僑日報》，1966 年 4 月 8 日，4 張 2 頁。

10 文農學圃曾舉辦不少展覽，以供一般大眾入園參觀，見李凡夫：〈文農學圃主辦盆栽展先睹記〉，1966 年 4 月 8 日，4 張 2 頁；〈九龍文農學圃昨起展覽盆栽〉，《大公報》，1966 年 4 月 9 日，2 張 5 版及〈熱心人辦盆栽展〉，《華僑日報》，1968 年 4 月 12 日，4 張 4 頁。

11 〈述懷〉，載伍宜孫著：《文農盆景》，頁 49。

12 《文農盆景》一書刊印出歷年文農學圃在花展所得獎項之證書。

舉行首屆香港花展，會場以「日本式庭園風景」為設計，接受本港園藝人士、花圃和農場參加，比賽分為插花、蘭花、盆花及插花藝術四組。文農學圃終以紅楓樹盆栽獲得加多利杯（Kadoorie Cup），並且在花展場上展出盆景。[13] 次年市政局舉行第二屆香港花展時，文農學圃亦派出佳作參賽，以一株超過八十年的黑松獲得永隆銀行杯。[14]1970 年，文農學圃再次參賽及獲得永隆銀行杯。在相繼在花展上揚名後，伍宜孫與文農學圃已經被認定為本港重要的園藝家及花園，而且專長於盆栽及盆景藝術。

正因如此，1971 年，香港大學校外課程部邀請伍宜孫，在香港大會堂講解盆景藝術。[15] 雖然伍宜孫謙稱他是「班門弄斧，貢院賣文」，事實上是次演講結集了他一生對盆景藝術的知識和心得，並以豐富的文獻資料講解盆景的歷史源流，並詳細地介紹了嶺南盆景以畫入景的藝術風格及「蓄枝截幹」的技法。是次演講的演詞收錄在《文農盆景》一書中，通過這份演講，我們得以了解伍宜孫的盆景藝術理論。

---

13 有關報道見〈花展今日最後〉，《華僑日報》，1968 年 3 月 17 日，2 張 1 頁；〈市政局首次花卉展覽〉，《工商晚報》，1968 年 3 月 16 日，頁 4。

14 〈花展：入場收二元 場外則免費發售明信片〉，《華僑日報》，1969 年 3 月 26 日，2 張 1 頁；〈花展今開始〉，《華僑日報》，1969 年 3 月 28 日，2 張 1 頁；〈二屆花展：羅光耀夫人蟬聯冠軍〉，《香港工商日報》，1969 年 3 月 29 日，頁 5；〈花花世界：花展一日遊〉，《華僑日報》，1969 年 3 月 30 日，2 張 3 頁；〈花落花開又一回：花展龍虎榜 花藝各組優勝者高捧銀盃歸去〉，《華僑日報》，1969 年 3 月 31 日，2 張 3 頁和〈二屆花展頒獎〉，《香港工商日報》，1969 年 3 月 31 日，頁 4。

15 〈盆景藝術公開講座〉，《香港工商日報》，1971 年 2 月 2 日，頁 6；〈港大校外部公開講座 伍宜孫講「盆景藝術」〉，《華僑日報》，1971 年 2 月 2 日，2 張 4 頁。

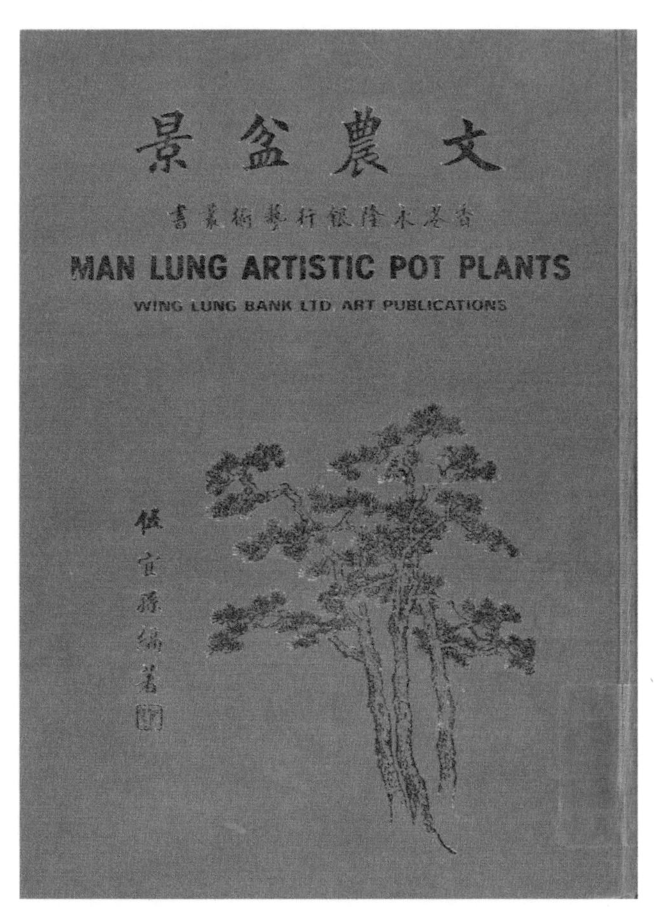
文農盆景
香港永隆銀行藝術叢書
MAN LUNG ARTISTIC POT PLANTS
WING LUNG BANK LTD. ART PUBLICATIONS
伍宜孫編著

《文農盆景》書影

對於伍宜孫而言，盆景及盆栽配置非隨心則可，而是需要「固賴巧思」，結合園藝種植及人文藝術知識，以精心佈局，「創造新境界」。[16] 嶺南派盆景崇尚自然，排斥過分的人為改造，[17] 因此製作者需要事先審定樹種所形成的樹型，以至這種樹型適合什麼造型。伍宜孫表示：

> 盆栽藝術首重造型，吾人當知盆栽之成長，大半出於天賦，人為改造務求簡單。每一品種，各有不同之本質，每樹亦有其天賦型格，絕對不能加以牽強改造。[18]

舉例而言，廣東常見水松、杉樹及香港本地的木棉，皆是「株株直上，矗立雲霄」，屬於「瀟灑軒昂型格」。伍宜孫認為如若不依此天賦，而強行將之人為地改造成較蒼勁的造型，或更甚者使之曲折成臥盆型或懸崖型，就是違反自然，「不特不會造出雋逸之品，更形成畫虎類犬」。[19]

因此，伍宜孫指出盆景佈置首要的步驟是「甄別品種」，需要了解樹型，以使樹木能自然成長，作者只可以「因勢利導」，不可人為強求。至於樹型，伍宜孫提出下列十二個界別：

---

16 伍宜孫：《文農盆景》，頁 54。

17 *Bonsai, Penjing : Collection du Jardin botanique de Montre'al Botanical Garden*, p.34

18 伍宜孫：《文農盆景》，頁 54。

19 同上。

一、單幹式

二、雙幹式

三、一頭多幹式

四、多幹合植式

五、全懸崖式

六、半懸崖式

七、水影式

八、臥盆式

九、飄出盆外式

十、跌枝式

十一、子母式

十二、附石式

當審定了合適的樹型後，必須再三思考，與同好切磋後，決定整個構型及佈局，才可以落剪。

審定樹型是製作盆景及盆栽的第一步，其後是培植樹木。一般在山野尋求到合適的樹胚後，需要放在地上種植，便植物吸收地氣。然而，為了日後易於移至盆上，在地上種植時可先在泥土中放置瓦片，使根莖不至深入泥土之中。當樹木被移至盆中後，便可以開始修剪。由於嶺南派的宗旨是崇尚自然，因此反對濫用「鐵線屈紮」，反而提出一種新的方法：「蓄枝截幹」。

所謂蓄枝截幹是讓樹木生長至一定大小後，才真正開始修剪。這樣的處理方法耗時甚久，往往以數年起計。至於修剪上，主要以理順樹木的自然型態為原則。伍宜孫指出：

> 第一節認為粗度適合時，始加以剪截，使出橫枝，以後每節都如是施行。[20]

這樣的處理讓樹木較自然地生長，更好地讓人欣賞古樹之美態，但同時考驗盆景家的耐心。[21]

除了植物的培植和修剪外，伍宜孫認為選盆也相當重要，他甚至以人體作比喻：

> 一如人體，各因高、矮、肥、瘦與面形、體格之不同，而其衣服之尺度裁剪，亦因之各異，否則衣不稱身，縱身材相貌如何美好，看來固不順眼，服之不衷，令人反感。[22]

因此必須要依據樹木之樹型，選配不同款度、格式、大小、深淺、長短、闊窄的盆，而且顏色運用亦需用心。舉例而言，若此樹是適宜植於長方盆，但卻配以四方或圓盆；或是宜於配淺盆，但卻配以深盆，都會令其的格調有所下降，甚至顯得不倫不類。至於用盆之質料，他表示「陶器勝於石器，石器勝於瓷器，因陶器以樸素見稱，使人有古色古香之感」。當中以石灣生產之陶器最為上乘，無錫、欽州、宜興

20　伍宜孫：《文農盆景》，頁 54。

21　*Bonsai, Penjing : Collection du Jardin botanique de Montre'al Botanical Garden*, p.34

22　伍宜孫：《文農盆景》，頁 55。

均次之。[23]

在眾多形式當中，伍宜孫表示對合植式最感興趣。所謂合植式，即「用樹木三株以至多株併合而成」，形式上最像叢林，「最富天然景色而有畫意」，使人望之聯想到置身在林木之中。合植有多種款式，下面反映其材料、格調和地域環境之不同：

1. 材料

同一品種之樹	不同品種之樹
同一年齡之樹	不同年齡之樹
同一型格之樹	不同型格之樹

2. 格調

疏林、茂林、森林、遠林、近林

3. 地域環境

山嶺叢林、沼澤叢林、海岸叢林、曠野叢林、溪澗叢林、丘陵叢林、原始叢林、小徑幽林

上述各種方式並沒有高低、優劣之別，然而必須以自然之規律，謀調和、合配與立體安定。如此一來，伍宜孫認為能展示之其心思，技巧和覺悟力。[24]

最後，伍宜孫為盆景藝術在現代都市生活中重新定位，

---

23 同上。

24 伍宜孫：《文農盆景》（香港：永隆銀行，1974 年），頁 54-58。

為這個看似歷史悠久的藝術尋找出現實價值。伍宜孫認為盆景縮龍成寸，可以在家居中佈置點綴，在日常之間「領略山林古木之地」，遠比書畫更為立體、更具有「真實感」。對忙碌於城市生活的市民大眾，盆景是有益的放鬆之法。伍宜孫指：

> 吾人廁身繁囂都市，營營終日，百感憂其心，萬事勞其形，公餘之暇，求可以養成恬淡德性，調劑枯燥心靈，使室有山林趣，胸無塵俗思。[25]

因此，賞玩盆景不但是一種高尚的藝術，也是一種「怡養性情」的方法，適合青年人之心身。然而，一如他對家人們的叮嚀，伍宜孫敬告愛好盆景一道之青年，務必以之為閒暇，決不得「礙於功課與事業」。[26]

⌘ 乙、黃基棉與附石盆景

除伍宜孫外，黃基棉的附石盆景可謂香港盆景藝術的代表之一，並廣為海內外盆景界所熟知。根據他女兒黃靜儀女士的回憶，黃基棉任職於銀行，在六七十年代跟隨戰後南來嶺南派盆景家鄧香海學習太極拳，同時受他的薰陶，愛上了

---

25 同上。

26 同上，另外，伍宜孫的兒子也回憶父親對他們的勸勉，希望他們不要在年青過分投入盆景之道，參見〈與伍步功先生的訪問記錄〉，訪問日期：2021 年 6 月 25 日。

賞玩盆景。[27]

黃基棉熱愛盆景藝術，每每在工餘之閒，均會留連住所天台，照顧他的盆景。這主要由於黃基棉求親力親為，一手包辦盆景的材料、栽種和設計。除自內地購入樹樁外，也常常到郊外山頭如古洞、林村等地進行掘挖。最初，黃基棉對種植水仙感興趣，在製作水仙入盆時，一般人會直接購入質素較高的鵝蛋石石春作點綴，但黃基棉並不滿意，反而選擇花上一整個下午，以「揬石」的方式打造型態各異的石塊，再將之磨滑，作水仙的「百花亂葉紅石」之效果。甚至會利用尿液、淡水和花生麩，以培植作品，並且堅持在「樹頭需要落地」吸收養分後，才再進行修剪。正是由於黃基棉一絲不苟、以無比的耐心對待盆景藝術，才使他的作品每每能叫人稱奇。

1977 年，黃基棉在花卉展覽榮獲全場總冠軍，其參賽作品反映他注重微細之處，非但在於盆樹的樹葉或是樹身上，而且是着眼突出細節。由於他的參展作品，往往都是大型盆景，他會預先製作「一個很長的鏟」，整理泥土，其後尋找青苔，放置在泥土之上，令其猶如青綠的地氈鋪設泥土之上，製造大草原的意境，最後才對盆樹上的花朵，葉子進行修剪至凌晨。除此之外，黃基棉另一特色是其附石盆景。附石盆景是指樹和石共同生長，樹與石頭之間需要互相配

27 黃靜儀：〈爸爸的盆栽〉，載黃氏家族編：《石苑選粹：黃基棉先生盆景藝術紀念集》（香港：黃氏家族，2002 年），頁 131 及〈與黃靜儀女士的訪問記錄〉，訪問日期：2021 年 7 月 7 日。

合，因此對比單獨盆栽之構造較為複雜，技術的要求更高。現存放於石苑的《附石簕杜鵑》，就是出自黃基棉的手筆，當中最引人津津樂道，就是簕杜鵑和英石形成共生的關係，假如隨意破壞一方，兩者都難以生存，所以又稱作「生死戀」。而黃基棉的另一成名作，《無限風光在險峯》，更能突顯他技術上的成熟與突破，別出心裁，以水泥製作為盆景的底層，再利用吊機，將石頭牢固地豎立盆中。在樹胚方面，採用根系發達的相思樹，將其樹根和樹幹依附並緊貼五隙而攀緣直上，再配上小配件，成功打造奇峯又高又險的的意境。

是故，曾與黃基棉共事，也是盆栽會會員之一的胡力敏先生，指出黃氏的附石盆景，是以獨特的方法，加上時間和毅力所打造。他透露步驟有三，由於黃基棉是以樹幹附石，他首先在石頭的腳下造好水泥的基托，才會選取一小段較大的樹樁頭，將其貼附在石頭腳下的旁邊，用麻繩紮緊，再鋪設泥土。第二步是等待樹頭出芽後，他會選擇與石頭旁邊最為靠近的樹芽作為培養對象，讓它在石縫生長，到它成長到一定的長度與粗度，就用軟膠片將樹枝壓向石縫，並利用鐵線將兩者紮緊；同時需要在適當的位置上，讓頂芽成長作托位之用。最後，當樹幹填滿石縫後，樹幹就會緊密地依附在石頭之上，形成樹幹與石頭二為一體的效果。[28]

此外，黃基棉在 1993 年舉辦的亞太區盆景、雅石會議

28 胡力敏：〈香港之嶺南盆景〉，《廣東園林》，1998 年 3 期，頁 7。

黃基棉先生（照片由黃靜儀女士提供）

及展覽會的場刊裏，曾分享對附石盆景的看法與理解。他表示附石盆景是嶺南派盆景藝術，一個主要的組成部分外，也屬難度最高的一種形式。在創作前，就要選取「有美好形態和具備適合於植物貼附的皺紋」，而在造型方面，則可分為：一、全附石；二、半附石；三、假附石。

全附石是指整株樹木的樹根，都寄附在石頭上，假若要作水石景，則以石頭的凹位置作盆最為適合。半附石則是製作難度最高，需時最長的作品。它的製作過程，是透過樹木的樹根部分，「生長在石頭下的盆中，樹幹或露根的部分，緊密地依附在石頭的縫隙之上，樹冠則在石頭適當的部分飄出。」最後的假附石與前述兩者的分別，在於假附石與樹木，在生理上是沒有關係的，但假附石與樹木都要在盆上生長，兩者必須互相襯托，依偎自然和顧盼有情，因為這才能凸顯出附石盆景的獨特性，能被評選為好作品。

至於在選材方面（石頭），黃基棉認為嶺南派首重「雲頭雨腳」，因為在中國國畫、古畫中，奇石是大多如此，而且最能反映石頭最險峭的形象。是故，若想在附石盆景裏，顯示出石頭險峭形象，其難度可想而知。可是，為求寫實、逼真，他們創作出倒製「草鞋底」的辦法，以固定和保持石頭的重心，成功令石頭屹立不倒，再以適合的樹木，栽種於石頭之上，成為今天我們所讚嘆的作品。[29]

29 黃基棉：〈附石盆景淺談〉，載亞太區第二屆盆景、雅石會議及展覽會籌備委員會編：《亞太區第二屆盆景、雅石會議及展覽會》（香港：香港盆栽會，1993年），頁 17。

⌘ 丙、侯寶垣與道家盆景

侯寶垣乃香港道教發展及青松觀之要人，同時也是香港盆景藝術的推手之一，並且成功揉合道家修煉與盆景修養，使香港盆景更具宗教、哲學的魅力。因此這一個小節主要展示侯寶垣的生平以及他的盆景藝術。

侯寶垣生於 1914 年的廣西，年青時曾在廣州一帶經商，因常常買賣古玩，而愛上收集陶瓷、雕像等小型擺設。同時，他也對道家書籍產生興趣，甚至他的店舖中設置「呂祖壇」，以恭奉呂祖仙師。1944 年，時屆 30 歲的他入道中國道教至寶台慈善會，師從葉文遠（至勤）道長，屬於至寶台「寶」字派弟子。[30] 及後，由於營商之機緣，侯寶垣南下定居香港。時一眾寶台同道決心在港延續「至寶道脈」，他便斷然加入，積極參與。當青松觀在 1950 年建壇於九龍偉晴街後，侯寶垣始常住觀內，專責經懺科儀事宜。在此期間，他經常會到摩羅街、中上環一帶之古玩店，觀看別人的收藏，遇上價格合適的人物塑像則會購入用作收藏，但一直因難以襯托而苦惱。此外，受內地內戰影響，香港市面上流入大量南下的陶瓷工藝品，其中以花盆價格相對便宜，容易負擔，他便將人物塑像與花盆一同收藏，偶然發現兩者均適用於襯托盆景，故逐漸對盆景產生興趣。

與此同時，青松觀得到政府的准許，可以合法社團之名義註冊，使壇務得以順利開展。其時，因善眾人數大增，青

---

30 〈侯寶垣觀長簡介〉，載青松觀網站 http://www.daoist.org/haobohung_profile.htm，瀏覽日期：2022 年 8 月 5 日。

松觀需遷至彌敦道 200 號，租借「二、三樓」的店舖經營及擴辦各項事業。可是，地方仍然淺窄，甚至只能擺放「呂祖壇」和一些小型擺設，至於一些稍為大型之科儀，均需移至陽台上進行，未能配合道觀的發展方向。於是在六十年代初，一次偶然機會之下，侯寶垣與同門偶遊青山麒麟圍，發現此地有廣大園林福地可作永久觀址。及後經多番努力後，為今天的青松觀奠定基礎。然而，在搬遷之初，雖然觀內空間和地方大增，但觀址卻變得相對遙遠。因此，侯寶垣意識到青松觀除了一如以往提供社會服務外，它必須多元化，才能吸引善信以外的市民願意攀山涉水到訪。是以利用場地空間，試圖從各方面提供多元化的服務外。也通過打造與眾不同的設施和景色，來突顯青松觀與其他道觀的分別。[31]

在基礎建設方面，青松觀秉承至寶台理念，以中國傳統庭院建築風格為主，配有行宮和大殿供奉呂純陽祖師、重陽祖師和丘長春祖師的聖像，也曾在六七十代初，在現時安老院大停車場的位置，建設動物園，供市民免費參觀。在觀景上，侯寶垣希望通過大量種植不同的盆栽和盆景，將青松觀打造成一個舒適優雅的園林。由於種植需採購大量的材料，侯寶垣會到上水、沙田一帶的園藝公司，購入樹肧和樹樁，因而認識一眾盆景愛好者，奠定日後共同合辦盆景展覽的基礎。至於在栽種方面，則聘請園丁及「花王」們，由他們負

31 參考善若青松編輯委員會編：《善若青松：青松觀六十周年回顧》（香港：青松觀，2010 年）及侯寶垣道長紀念集編輯委員會編：《侯寶垣道長紀念集》（香港：青松觀，2000 年）。

責預備泥土，為盆景「上盆」、「落盆」，擺放的位置，侯觀長則擔任總指揮的角色，在「事前功夫」整理完備後，便進行修剪，打造其佈局與裝飾品。經過大量培植及製作後，青松觀擁有着無數以作點綴的盆景。其時不少社會賢達登門拜訪、共同商討慈善義務的可行性之際，均被眼前景觀吸引，對此讚不絕口。因而青松觀之聲名遠播，吸引一群盆景愛好者拜訪，除與侯寶垣相互切磋，交流心得外，更衍生出「人士交流」，各盆景愛好者互相介紹「園藝好手」，為新晉園丁們提供工作機會。在此因由下，青松觀內有盆景，已是家喻戶曉，街知巷聞，成為遊客必到景點之一。[32]

在此情況下，自八十年代起，其時番禺、佛山一帶的樹胚、樹樁供應商，紛紛聯繫侯觀長，詢問他購買的意欲。由於觀長往往來者不拒，願意大手購入，因而令青松觀有源源不絕的樹胚，可因應季節、環境氣候，打造不同的盆景造型，向市民展出。[33] 受經商的經歷影響，侯觀長一直有收藏古玩的興趣，加上他能辨別藏品的價值，他的藏品不但令青松觀可以舉辦不同的古玩展品，更打造獨有的盆景特色。誠如上文提及，要製作一個有品位的盆景，需要依靠各方面的材料配合，而在用盆、配盆方面，往往需要「古玩」來襯托其特色，來辨別高低。由於侯觀長早年大量購入花盆，當中不少乃是珍品，不少「識貨人士」大感興趣，如日本盆栽會

---

32 〈與周和來道長的訪問紀錄〉，訪問日期：2021 年 11 月 22 日。

33 由於青松觀有足夠的空間，購入後的樹胚，會先被種植於苗圃，待時機成熟才再修剪。

的會員，曾登門拜訪，甚至提出高價收購。晚年則從元朗一位老收藏家，收購他手上的雅石，為青松觀的盆景增添無限可能性，[34] 突顯「只此一家，別無分店」。因此，在侯觀長的帶領下，青松觀成功建立其「獨特形象」，既是提供慈善服務的宗教團體，也是傳承中國傳統文化的辦學團體，在盆景還沒普及之際，就肩負起推廣的重責，為市民提供接觸的機會。

侯觀長之所以那麼重視盆景，除了它是傳統中國文化，可作為青松觀的特色與賣點外，更為重要是盆景的意涵與道家所提倡的精神修養同出一轍，有助道家弟子修煉。侯觀長在修道過程中，除了注重外功，也重視道家心性之學的培養。由於觀務繁忙，他在空餘時間不是研讀經書，就是修剪「樹仔頭」，即製作盆景。盆景對於觀長而言，帶有「增進道心，澡雪精神」之效，對個人修養有極大幫助。他在1987年的《青松觀盆景藝術小序》指出，盆景能使市民從煩囂緊張的社會中脫離，重返自然，最終到達道家的理想精神世界；而且盆景藝術既有益於修真，更可填補心靈空虛，消除精神束縛，故值得發揚光大。[35] 由於盆景的文化意涵與道家精神和思想上相符，有利於提升一眾道家子弟的品行修養，因此觀長在大部分的休息時間，都把精神投放在盆景園內，更著有《青松觀盆栽》一書，分享他對栽種盆景的心

34 〈與周和來道長的訪問紀錄〉，訪問日期：2021年12月11日。

35 劉仲宇：〈一景一木寓道心 —— 香港青松觀盆景藝術鑒賞〉，《中國宗教》，1998年2期，頁32。

得。[36] 與此同時，侯觀長認為盆景所講求的是心性的發揮、追求自然的心境，故不應該拘泥於盆景派別之分，但因其極高的造詣，往往被視為香港盆景藝術嶺南派代表之一。

正因如此，侯觀長的盆景哲學亦有別於其他愛好者們，他的要訣是把道家的哲學精神融入到盆景的製作中。侯觀長在〈盆栽之道〉一文中提出盆景與道家怎樣互相配合。他首先指出，盆栽亦稱盆景，其取材於山野之間，並栽種於盆盎之上。至於剪裁與佈局，即參照大自然之景象，微縮於盆中；在細節上，則採用中國古畫繪圖方式，運用謝赫的繪畫六法「經營位置，因物象形，骨法用筆」，達至「氣韻生動」，使盆景「師法自然，妙造自然，還淳返樸，不見斧鑿之痕」，此才算把握盆景的神緒，其作品才算是神品、妙品。[37] 其後觀長解釋道家的哲學如何配合盆景的製作。道家云「觀天之道，執天之行」，天地人物，皆是道生，皆是道成。言下之意，天地萬物，皆是源自道，由道再衍生而來。假若以此理論用作盆栽之道，則栽種時，應該因應自然氣候而進行培植、修剪，不宜在不適當的時候進行加工。是故觀長提出「日月照臨，雨露滋潤，土壤培植，春生夏長，陰晴風熱，各暢其宜，莫不法乎自然，而須明觀天道，謹執天行」，才能栽種出別出心裁的盆景。[38]

---

36 香港道教青松觀：《侯寶垣道長紀念集》（香港：香港青松觀，2000 年），頁 237。

37 侯寶垣：〈盆栽之道〉，載亞太區第二屆盆景、雅石會議及展覽會籌備委員會編：《亞太區第二屆盆景、雅石會議及展覽會》（香港：香港盆栽會，1993 年），頁 18。

38 同上。

侯寶垣觀長（照片由周和來道長提供）

侯寶垣觀長與時任港督彭定康合影（照片由周和來道長提供）

第二節 香港盆景雅石學會與石苑

七十年代的香港盆景界不但大師輩出，更走進一個嶄新的階段，因為盆景同好們相繼聯絡起來，互相交流心得，並且舉行更多的展覽與活動，以推廣盆景藝術。而當中最為重要及影響深遠者，莫過於香港盆栽會（今名為香港盆景雅石學會）的成立，它集合了香港大部分知名的盆景家以及團體，更建立了香港絕無僅有的盆景勝地：石苑。因此本節將集合各種歷史資料，重溯盆栽會的成立與石苑的建設過程。

事實上，自六十年代中期起，不少盆景愛好者已經意識到同好之間需要更多的交流。因此，有能力者盡可能提供場地，以供同好相聚切磋。舉例而言，何智煌在 1966 年曾邀請畫家及盆景同好，於其家中雅敘，交流心得；[39] 伍宜孫的文農學圃也曾展出由廖非一在世界各地搜集的盆栽、石山，合共三四百盆精品，當中計有伍宜孫的落葉松、廖非一的香松、何善衡的榆林、盧樹屏的九里香、黃心衡的福建茶、李南的九里香，別具名家切磋之意味。[40]

根據梁祥的回憶，當時大部分盆景愛好者會到沙田選購樹樁，因此每逢假日例必在沙田匯集了許多的愛好者。在選購的同時，他們也會「到酒家飲茶暢敘」，而話題自然離不開「盆景的培植、造型、栽剪」等問題。在一段時間後，當時許多盆景愛好者始有下述之想法：

39 〈何智煌盆栽雅集志〉，《華僑日報》，1966 年 3 月 14 日，頁 11。

40 〈文農學圃主辦　盆栽展先睹記〉，1966 年 4 月 8 日，4 張 2 頁。

香港愛好盆景的多是新人，能稱為前輩者有若鳳毛麟角。因此須要組織一個會，聚集人才，共同研究推廣，嶺南盆景方能發揚光大。[41]

此外，除了把愛好者組織起來研究外，更重要的是，這班盆景愛好者有感國際流行日本盆景，因此必須結集力量以「發揚國粹」。[42]

自六十年代中期起，盆景愛好者已經醞釀成立同好組織。首先由愛好者之一何浩威率先提出，[43] 可是未有事成，終延至 1966 年，才由鄧香海集合一群志同道合者，成立盆栽藝術研究會。經過兩、三年之發展，研究會於 1970 年終獲批准以社團形式註冊成立（1979 年轉為以有限公司形式註冊），可公開形式招攬會員，實現了華商們多年來的心願。皆因其時世界各地，紛紛設有「刊印專書，列為專業者；在東瀛各地，更藝會如林，定期雅集，共同研討」。[44]

41 黃氏家族編：《石苑選粹：黃基棉先生盆景藝術紀念集》，頁 124。

42 同上。

43 何浩威在盆栽藝術研究會招募會員期間，擔任籌備委員會成員，並留下資料供有興趣參加者詢問。其聯絡資料顯示為沙田車站三紅酒家。由此推斷，何氏大有可能為經營酒家人士。〈盆栽研究會徵求會員，本秋間將舉辦盆栽藝術展覽會〉，《香港工商日報》，1970 年 7 月 2 日，頁 6。另見〈與藍戊發先生及凌略先生的訪問記錄〉，訪問日期：2021 年 6 月 9 日。

44 〈盆栽藝術研究會，籌備成立徵求會員，培養靈性美化人生〉，《華僑日報》，1970 年 5 月 27 日，頁 11；〈盆栽藝術研究會，籌委會徵求會員〉，《香港工商日報》，1970 年 6 月 4 日，頁 4。

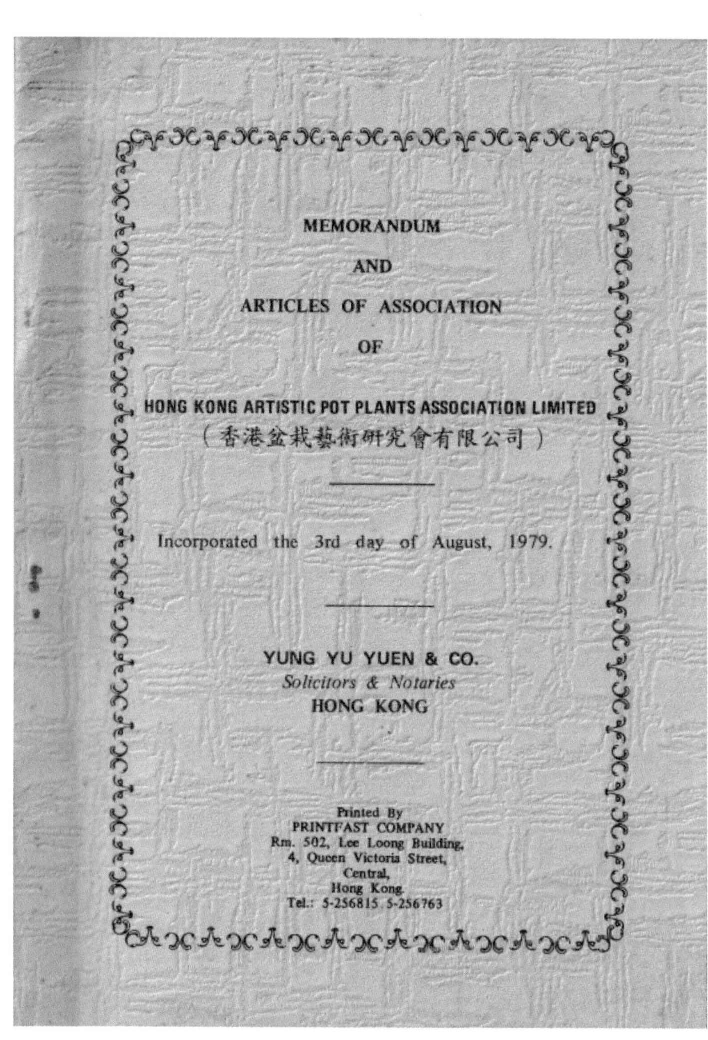

MEMORANDUM

AND

ARTICLES OF ASSOCIATION

OF

HONG KONG ARTISTIC POT PLANTS ASSOCIATION LIMITED

（香港盆栽藝術研究會有限公司）

Incorporated the 3rd day of August, 1979.

YUNG YU YUEN & CO.

Solicitors & Notaries

HONG KONG

Printed By
PRINTFAST COMPANY
Rm. 502, Lee Loong Building,
4, Queen Victoria Street,
Central,
Hong Kong.
Tel.: 5-256815 5-256763

盆栽會在 1979 年註冊成為有限公司（照片由黃靜儀女士提供）

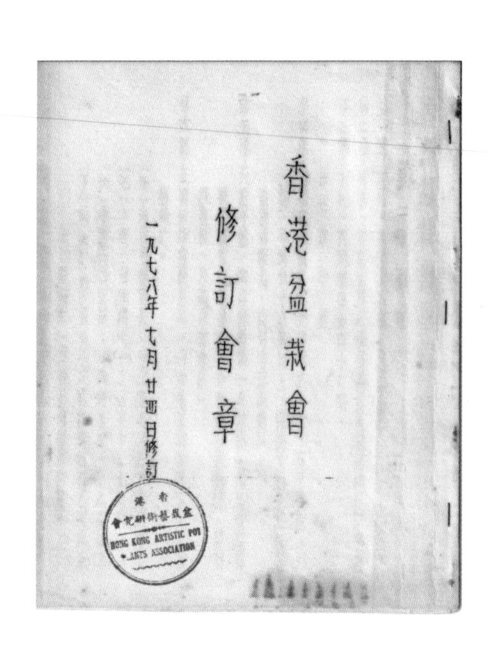

香港盆栽會章程

第一章 總則

第一條：定名：香港盆栽會（有限公司）

第二條：宗旨：以聯絡會員感情及提高盆栽藝術研究為宗旨

第三條：會址：九龍塘禧福道十六號。

第二章 會員

第四條：資格凡對盆栽具有興趣之人士，不分性別，國籍，年齡在十八歲以上，品德良好，願遵守本會章程者，均可申請為會員。

第五條：入會手續：由本會會員一人介紹，填具申請書經委員會議通過，并依章繳納會費、發給證書後，方為本會會員。

第六條：凡樂助本會經費者，得由委員會授與下列之名譽職銜。

（甲）永遠名譽會長：一次過樂助五千元或以上

（乙）永遠名譽顧問：一次過樂助三千元或以上

（丙）永遠名譽會員：一次過樂助一千元或以上

（丁）永遠會員：一次過樂助伍百元或以上

上列各職銜，以後毋須繳納會費。

（戊）會員：入會費壹百元正。

第八章 附則

第廿六條：本會會員，祇負有限責任。

第廿七條：倘遇本會停辦時，凡屬本會當年會員及已退會員而未逾一年之會員，對於本會債項償還及辦理結束之費用，均須負担出資，但每人所負担額，不超過港幣式拾元之數。

第廿八條：本會如需解散時，應由會員大會，或特別會員大會決定之，并須得全體會員三分之二同意，方得解散。本會資產如有剩餘時，概捐與本港慈善機構。

第廿九條：本會章程，如需修改，須經會員大會通過，并呈社團註冊署批准，方得施行。

香港盆栽會修訂會章（照片由黃靜儀女士提供）

籌備委員會主席鄧香海在致詞時表示：「本港玩盆栽之人甚多，尤其是近十餘年，更加蓬勃，然而各自為政，互不相干，各人未有同聚交流，致使我們進步遠不及人。」有鑒於此，他們遂組成此會，讓同好者彼此能「公其所知，獻其所得，切磋砥礪」，發揚中國固有文化，並指出各人應有此責任。因此祈求同好者振臂而起，踴躍參加，共同肩負推廣盆景之重任。[45] 有別於一般的興趣組織，盆栽會有其嚴格的章程，明確規定會員們的資格和責任，確保組織能順利運作。會章清楚列明入會的資格和條件：但凡對盆栽有興趣的人士，只要年滿 18 歲或以上，品德良好，均可申請為會員，但需由盆栽會會員作介紹，經委員會會議通過，才能成為盆栽會的會員。除了普通會員外，盆栽會亦設有永遠名譽會長、永遠名譽顧問、永遠名譽會員及永遠會員，只需透過捐款，就能成為一份子。至於組織及職權，盆栽會以選舉方式，每隔兩年在會員大會中，選出委員會二十五人，候補五人，再從委員會會員中互選主席一人，副主席二人，秘書、總務、財務、會計、稽核、園藝、公共關係等八組，每組設正、副主席各一人。[46] 正因紀律嚴明，財政透明，籌備委員會在 6 月公開徵求會員後，「申請入會者極為踴躍，參加人數極眾」，據報有百多人出席。[47]

45 〈盆栽會籌備成立，授旗出發徵會員〉，《華僑日報》，1970 年 6 月 2 日，頁 9。

46 永遠名譽會長需一次過樂助五千元或以上；永遠名譽顧問需一次過樂助三千元或以上；永遠名譽會員需一次過樂助一千元或以上；永遠會員需一次過樂助七百元或以上，以後無需繳納會費。而普通會員的入會費用為一百元。香港盆栽藝術研究會：《香港盆栽會修訂會章》（1978 年，未公開發售）。

47 〈盆栽會籌備成立，授旗出發徵會員〉，1970 年 6 月 2 日，頁 9。

在同年（1970 年）7 月籌備結束後，盆栽會便商討主席人選以及計劃在秋季期間籌辦大規模盆栽藝術展覽會。[48] 在此期間，謝啓鑄自薦擔任主席，宴請盆栽會所有成員一同聚餐，凝聚人心。香港盆景的發展與普及，不可避免地伴隨着經濟發展而起，此情況也應用到盆栽會身上，因此當時可說是鉅富的謝陶庵，被眾人推舉為主席之一，另一位主席則由同屬鉅富的伍宜孫出任。自此，盆栽會兌現其成立承諾，一方面負起每年主辦及舉辦盆景展覽的重責，包括租借中環花園道聖約翰座堂（St John's Cathedral），由會員提供展品讓市民欣賞；在大會堂紀念花園、遮打花園主辦盆栽藝術展覽。盆栽會同時也與政府和其他機構合作，贊助和參與他們主辦的展覽，如香港節嘉年華會公開展覽、青松觀展覽、元朗大會堂、花卉展覽會、中區掃除毒品運動展覽、清潔香港盆栽展等，藉此鼓勵市民培養有益身心之嗜好。除了熱心於推動本地的發展外，盆栽會也熱衷於世界各地高手交流，藉此提高會員們的水平。他們曾邀請泰國盆栽協會參與由政府主辦的第二屆粉嶺公園聯合花卉展覽，更獲對方會長讚揚，乃是次展覽成功的功臣。[49] 在中國改革開放後，盆栽會把握機會，多次邀請內地盆景界人士，包括在 1983 年的中國盆景藝術展覽會舉行期間，宴請中國花卉盆景協會、北京市對外貿易總公司的等代表，作盆景切磋及傳統藝術交流，了解內

---

48 〈盆栽研究會徵求會員，本秋間將舉辦盆栽藝術展覽會〉，《香港工商日報》，1970 年 7 月 2 日，頁 6；〈盆栽藝術同好多，籌辦大規模展覽，盆藝會徵求會員超逾理想〉，《華僑日報》，1970 年 7 月 2 日，頁 8。

49 〈香港盆栽會歡宴　泰國盆栽會會長〉，《華僑日報》，1978 年 5 月 16 日，頁 6。

盆栽會成員（照片由黃靜儀女士提供）

地的發展動向。[50]

當中最為轟動的、不得不提的是自 1979 年起，每年 10 月在中區遮打花園舉辦的清潔香港盆栽展以及在 1984 年在粉嶺遊樂場舉辦的第八屆北區花卉展覽。前者由中區市政事務處、順德聯誼總會和香港盆栽會合辦，其目標是希望通過展覽，加深市民大眾對美化環境的認識以及協力推行清潔香港運動。[51] 活動每年均設有開幕典禮，更有酒會招待紳商名流、社團首長、文化界等，也獲銀行家、工商界、盆栽專家提供佳品作展覽，[52] 如在 1979 年何善衡的懸崖羅漢松。[53] 至於大會組織的贊助人，均是社會知名人士，如簡悅強、鄧肇堅、張人龍等。其中在 1980 年更設有攝影比賽和順德聯誼總會音樂家演出助陣，場面好不熱鬧。[54] 至於後者，乃受香港市政局在大會堂舉辦花卉展覽所影響，過往欲前往香港參加花卉展覽的新界東鄉民都因交通關係，而有所遲疑。是故，市政事務署大埔區分署與大埔六區文藝協會於 1977 年合辦北區花卉展覽，希望促進該區園藝、培養鄉民的高雅情趣、使園藝社會化、鬆弛緊張生活外，更重要是為新界東邊陲地區鄉民提供便利，方便他們欣賞花卉。[55] 其中 1984 年的

50 〈香港盆栽會宴中國盆景協會首腦〉，《華僑日報》，1983 年 1 月 16 日，頁 7。

51 〈中區遮打公園昨起展出盆栽價值千萬買重保險〉，《大公報》，1979 年 10 月 13 日，頁 8。

52 〈清潔香港盆栽展覽明日遮打公園舉行〉，《工商晚報》，1980 年 10 月 23 日，頁 2。

53 〈中區遮打公園昨起展出盆栽價值千萬買重保險〉，1979 年 10 月 13 日，頁 8。

54 〈展期三天音樂助慶，宣傳清潔運動，盆栽展覽開幕〉，《華僑日報》，1980 年 10 月 25 日，頁 7。

55 〈大埔六區花卉展覽〉，《華僑日報》，1977 年 4 月 8 日，頁 20。

清潔香港盆栽展活動照片（照片由黃靜儀女士提供）

北區花卉展覽活動照片（照片由黃靜儀女士提供）

展覽，更動用 30 萬港元，增設學校盆栽比賽，更獲得尤德爵士夫人主持開幕禮，規模比歷屆有過之而無不及。[56] 而在照片中，更可見尤德爵士夫人與一眾盆景大師交流，就其比賽作品進行評審。

隨盆栽會日漸發展，會員日多，愈益需要會址作舉行活動、交流之用。此外，誠如會員梁祥所言，當時會員們日感在市區培植盆景之困難，認為有必要設立園地一處，供會員「培植、敘會、交流研究」。1974 年，盆栽會舉行第三屆委員就職典禮，由市政局副主席胡鴻烈監禮。主席何智煌表示歷經五年，香港盆栽會取得多項成就，包括參與多次展覽，會員之佳作屢為中外人士之「好評」，可惜由於該會尚「未有園地，供給會員發展植株」。作為新就職之主席，何智煌為會眾們帶來一個好消息，因為得到新界熱心人士讓出佔地 7000 餘方呎的大埔泰亨路的地段，便將其改建為植株園地，擺放盆景，會員自此有會址聚集，互研藝術，增進感情。[57]

然而在八十年代，由於上述位於大埔的園區被政府收回作發展用途，因此香港盆栽會急需尋覓新的會址。時任主席黃基棉因此奔走各方，一方面尋覓合適之園址，另一方面需要籌集資金。[58] 在他與各會員的共同努力下，成功集資港

56 〈北區續辦花卉展覽，增設學校盆栽比賽〉，《華僑日報》，1984 年 2 月 6 日，頁 8。

57 〈盆栽藝術研究會，第三屆委員就職〉，《華僑日報》，1975 年 7 月 21 日，頁 4。

58 梁祥：〈香港盆景藝術的發展與石苑的建成〉，載黃氏家族編：《石苑選粹：黃基棉先生盆景藝術紀念集》，頁 124。

香港盆栽藝術研究會有限公司
HONG KONG ARTISTIC POT PLANTS ASSOCIATION LTD.
通訊處：九龍塘禧福道十六號
No. 16 HEREFORD ROAD, KOWLOON TONG.
KOWLOON.

敬啟者：本會為推廣會務，積極發展，經於本年三月間承讓新界上水金錢村種植農地約共六萬呎，備為各會員培植盆栽場地之用（茲附上該地圖則影本乙份）懇請代轉為敝會名義，以便進行，用特函呈敬希

亮照，是感。

謹呈

新界北區政務專員
夏秉純太平紳士

香港盆栽藝術研究會
主席
何植[illegible]

一九八三年六月二十五日

購入石苑會址告示（照片由黃靜儀女士提供）

幣 80,000 元，在 1982 年收購林錦順在上水古洞金錢村養雞場的「佔用官地暫准證」，並於 1985 年獲政府批准以官地契約方式，以每年一元港幣租金租用此地，並將名之為「石苑」。[59] 與大埔會址一樣，盆栽會希望以石苑為永久會址，目的是讓欠缺客觀條件的會員們暫放和培植盆景，同時放置作品作展覽，予會員們互相觀摩之機會，大可從中獲益與增進。

在確定園址後，黃基棉邀請會員及園藝專家陳鑑德進行設計，[60] 並以傳統江南園林為藍本，打造一個盆景園林。在設計上，陳鑑德運用了中國園林的迂迴曲折、柳暗花明和「借景」等造園手法，從而達到三種園疊翠，小中見大的效果。於是，石苑在 1986 年開始動工，歷一年之建築，正式在 1987 年完工，並開放給會員使用。

1988 年《華僑日報》曾刊登一文介紹石苑，表示難得在塵囂之都市中有如此令人心曠神怡的蘇州式園林，內有「假山石林、曲折小橋、湖心涼亭」，正正是市民「閒情寄趣的好去趣」。[61] 盆栽會時任會員胡力敏在向外介紹石苑時，曾有下列的描述：

---

59 香港盆栽會與北區文藝協進會合作，由後者向地政署申請以官地契約方式租用金錢村的養雞場。按照合作的內容，北區文藝協進會可在地段內建築一間不超過四百平方英尺之建築物作為辦事處之用，而北區花展會之器材亦可無條件在該地段內儲存及北區園藝委員會舉辦之園藝講習班亦可在該園內上課及實習之用途。本條資料由受訪者黃靜儀女士提供。

60 陳鑑德曾在八十年代為黃大仙祠設計及承建「假石山花園工程」，見《善道同行 —— 嗇色園黃大仙祠百載道情》編輯委員會編：《善道同行 —— 嗇色園黃大仙祠百載道情》（香港：中華書局，2022 年），頁 68。

61 〈上水石苑園林 賞盆栽洗塵囂〉，《華僑日報》，1988 年 1 月 24 日，6 張 3 頁。

石苑設計圖（照片由黃靜儀女士提供）

興建石苑時所拍攝的照片（照片由黃靜儀女士提供）

剛踏上石苑的石階時，你立即會覺得巨石當空，氣勢迫人。但經拾級而上，步入平台時，便覺得眼前一片柳暗花明豁然開朗的境界。草亭，水榭，曲橋流水；處處嶙峋怪石湧現，簇簇花木蔥蘢；其間更有瀑布飛流參雲玉笏……景物濃縮，使人有如置身在江南的名園之中。[62]

由於石苑是香港罕見的中式園林，吸引不少電視劇和電影在此取景。

當然，郊遊玩樂決非到訪石苑之因，誠如《華僑日報》的介紹，欣賞盆景與盆栽才是真正的目的。可是人手不足，早期石苑只供會員使用，但一旦市民前來參觀，石苑也是來者不拒，但必須是「誠意欣賞景物」，絕不能破壞苑中草木。[63] 事實上，不少著名的社會賢達與文人皆曾到訪，並留下珍貴的墨寶。舉例而言，其中一園門上「石苑」二字由孔子七十七代世孫孔德成所題，門後「石苑」行草乃嶺南畫派四大名家之一的趙少昂之手筆。

香港盆栽會聚合本地盆景愛好者，互相交流，使不同理論和技法能互動起來，同好彼此學習並進，使香港的盆景藝術達至嶄新的階段。盆栽會舉行各式活動、展覽，有意在本

62 〈香港盆栽會之「石苑」〉，亞太區第二屆盆景、雅石會議及展覽會籌備委員會編：《亞太區第二屆盆景、雅石會議及展覽會》（香港：香港盆栽會，1993 年），頁 12-3。

63 〈上水石苑園林 賞盆栽洗塵囂〉，1988 年 1 月 24 日，6 張 3 頁。

香港國際盆栽會的出版物（照片由邱泰來先生提供）

創刊詞

謝啟鑄

本會成立迄今，已是第五年矣。在此五年內，本會每年三月間，均應邀參加香港市政局主辦之花卉展覽會，在香港大會堂紀念花園展出會員之盆栽。此外，也曾應邀參加地區性之盆栽展覽。通過此類展覽，互相切磋觀摩，在盆栽藝術上均有所提高。同時亦方便本港人士對此盆栽藝術有更多欣賞機會。

由此觀之，如有可能把會員在盆栽藝術上之創作，通過攝影或出版選集等形式紀錄下來，以供會員研究，並且和各地盆栽會互相交流，實屬一件可喜之事。

去年，本會在展覽時，已將會員之展品儘可能攝影下來，除供會員定晒外，同時亦計劃以此出版盆栽選集。會員對此均給予不少鼓勵，其中更有部份會員自動捐助出版費用。因之，此本盆栽選集之出版，在諸位會員羣策羣力之下乃得以實現。

在此本選集快將出版時候，謹書數言以應出版委員會之請，同時亦藉此機會向熱心之支持者，捐助出版費用者和出版選集之工作者，表示謝意。

3

香港國際盆栽會的出版物（照片由邱泰來先生提供）

地推動盆景藝術，使更多香港人能體會到賞玩盆景的志趣與韻味，不少盆景組織相繼成立，如沙田盆栽會、香港國際盆栽會，承傳國粹，不遺餘力。建設石苑代表了多少盆景愛好者的心血，也是為今日香港盆景界留下僅存為數不多的盆景勝地。

第三節 **政府與青松觀**

在香港盆景愛好者及盆景同好組織的推廣下，盆景藝術日漸流行於本地社會，也頗受歡迎。有鑒於上述發展，政府越發意識到盆景的重要性。更重要的是，通過推動盆景藝術，政府認為除可以改變市民的生活模式和培養良好的品性外，更可以配合城市規劃，打造綠色城市，並藉此推動新界的旅遊事業。是故，政府樂於跟盆景同好組織合作籌辦各式活動與展覽，以作推廣。本章曾討論侯寶垣觀長的道學盆景藝術，以及青松觀在香港盆景界的地位，而本節乃以青松觀為討論的中心，討論政府如何與宗教團體合作，透過合辦盆景展覽，打造新市鎮的特色之一，從而推動屯門社區的「自給自足」和「均衡發展」。

政府選擇與青松觀合作的原因固然眾多，但若參考當時香港社會的發展方向，青松觀的宗旨及其所在地，無疑是驅使兩者合作的最大原因。首先，不論政府或青松觀都希望為市民提供娛樂活動，而這些活動都有綠化的概念或淨化市民心靈的「教化思維」。就政府而言，踏入七十年代，因應施政方針的轉變，社會福利服務逐漸變得常規化及制度化，政府越加對公共事務上心，除了主動舉辦各式各樣的節慶活動，也希望通過與不同的民間團體合作，為市民提供不同的娛樂服務。

以花卉事項為例，政府對植林優化工作十分注重，如上文提及，戰後提出新的林業政策，藉此補充二戰期間被過度砍伐的樹木；市政局則致力打造良好的生態環境，平均每年為香港種植成千上萬的樹木、灌木、時令花卉，更於 1968 年在香港大會堂紀念花園舉辦第一屆市政局花卉展覽（Urban Council Flower Show），藉此推廣香港的園藝和綠化思維，[64] 務求令市民明白，保護環境和城市綠化對市區發展的重要性。展覽分為兩部分，一是展品展出，共有 Hong Kong Horticultural Society、聖約翰座堂插花組（St John's Cathedral Flower Guild）及香港花道國際分會（Hong Kong Branch of Ikebana International）作花卉展品展出，以及來自新界農夫的農作物；一是比賽項目，分為切花（cut flowers）、盆栽（pot plants）、蘭花（orchids）和插花（floral arrangements）四個類別，設有冠、亞、季三個獎項，當中伍宜孫更屢獲盆栽組別的冠軍殊榮。[65] 有趣的是，同場亦有漁農處（Agriculture and Fisheries Department）的展區，分別顯示原有的林地與森林大火造成的浪費性破壞進行對比，

64 *Hong Kong 1968*（Hong Kong: Government Printer, 1969）, p.236.

65 "Flower Show," *South China Morning Post*, 27 December 1967, p.5; "Exotic Orchids A Feature of First Flower Show", South China Morning Post, 13 March 1968, p.6;〈大會堂紀念花園，定期舉辦花卉展覽〉，《香港工商日報》，1968 年 1 月 18 日，頁 6。

以及展出植林部（Forestry Division）在郊區所種植的不同品種植物的種子，希望刺激市民對政府植樹與保育政策的興趣。[66] 鑒於第一屆市政局花卉展覽吸引 20 萬市民入場觀賞，市政局決定將花卉展覽恆常化，定於每年 3 月舉辦。[67] 至於新界方面，雖然元朗曾舉辦花展，但由政府主導的花卉盆栽展覽，於 1977 年才首次出現，由市政事務署大埔區分署和新界大埔六區文藝協會合辦花卉盆栽展覽，在粉嶺公園展出逾 1500 件展品和 646 件比賽展品。其模式與市政局花卉展覽相似，比賽設有全場及各組之最佳展品、每類之頭三甲，鼓勵花農及愛好園藝者參與。大會主席廖潤琛致詞時，指出大埔六區文藝協會在成立後，就着手籌備新界大埔六區第一節花展，希望通過展覽，讓園藝事業在香港得以發展外，更重要是培養鄉民的高雅情趣，使園藝社會化，鬆弛緊張的生活。他甚至認為香港可向奧地利、荷蘭等國學習，打造綠化城市。[68] 除此之外，政府在港島地區方面，已有與花卉相關團體合作舉辦盆栽展覽之經驗。自香港盆栽會在 1973 年中環舉辦盆栽展覽以後，政府於 1975 年起便與盆栽會合作，由中區反吸毒委員會在中區遮打道行人專用區主辦盆栽展覽會，盆栽會會員提供 200 多件精美盆栽作展品，其目標為

66 "Many Entries For Flower Show Opening Today," *South China Morning Post* , 16 March 1968, p.9.

67 "Second Flower Show in March," *South China Morning Post*, 22 October 1968, p.9.

68 〈粉嶺花卉展覽，獲漁農處支持〉，《華僑日報》，1977 年 3 月 25 日，頁 7；〈大埔六區花卉展覽，展品逾二千，粉嶺公園展出四天免費參觀〉，1977 年 4 月 8 日，頁 20。

「鼓勵市民培養有益身心之嗜好（盆景），勿淪為吸毒者」。[69] 因此，他們希望套用在港島方面的「經驗與模式」，將這套成功的理念投放到新界繼續運行，而擁有大量盆景外加環境優美的青松觀，無疑是最佳合作方。

至於青松觀，他們的創觀目的，是為善信服務，所謂服務包含基本的宗教事務外，也希望通過舉辦活動來為市民日常生活增加娛樂的色彩，盆景展覽正好是例子之一。對他們而言，盆景文化與道家所提倡的思想可謂不謀而合。作為道教弟子，他們嚮往寧靜的環境，驅使人們細心思考問題，令修煉養性有所提升。很多時候，環境的氛圍往往有助於道教徒聚焦問題所在，若被困在空無一物的房間，則不利於思考；但若被困在一個很優雅、帶有靜態而又自然的物品作點綴的房間，就有助於思索，「做自己想做的事」。如中國水墨畫，沒有顏色刺激感官，但能營造「一個良好環境」，可作全神貫注觀看，使觀賞者可以代入畫中的世界，從而思索每一個步驟，作出判斷。盆景亦然，能夠創造有利的條件，讓道教弟子作修煉。然而，盆景的要求更高，我們要思考：如何在製作時，將有生命的東西，通過堆砌而變為我們所熟識的自然環境、與我們日常生活的環境息息相關，成為生活的一部分。

因此，當觀內所累積的盆景數目足以舉辦展覽後，也因應擴建「晚晴樓」老人院在 1974 年完成，特設盆栽盆景公

---

69 〈中區遮打道廣場，明開盆栽展覽，怡情養性宣傳反毒〉，《華僑日報》，1975 年 2 月 15 日，頁 12。

開展覽，邀請香港盆栽會成員選出精心作品，共同展出，以饗香港市民愛好盆栽藝術者。[70] 此活動日後更變為常設活動之一，以崇尚自然、不求派別之分、提高個人的修養品行為青松觀盆景展覽的核心內容。從上述內容可見，不論是政府舉辦的花卉展覽，或是青松觀的盆景公開展覽，他們的活動都有既定的目標和受眾，並通過展覽、比賽向市民輸出其價值觀。前者希望向市民灌輸保育、綠化的概念，令市民培養種植這種有益身心的嗜好；後者則向市民宣揚盆景有修煉養性之效用，提供解壓的作用，而且它是中國傳統文化之一，市民理應好好認識。由於兩者性質相似，有互補的作用，故此政府與青松觀之理念可謂不謀而合，自然驅使兩者合作。

第二，青松觀的所在地屯門是驅使政府合作的原因之一。二戰以後的香港，由於人口急速增長，大部分居民擠迫於香港島與九龍半島市區內。[71] 為改善香港市民的居住環境，也藉以分散擠迫於香港市區內的人口，政府於六十年代末開始發展新市鎮，也逐漸對新界地區進行開發及城市規劃，以「均衡發展，自給自足」為目標。有別於其他新界地區，荃灣早於 1930 年代已有工業發展，戰後更獲多項「第一」，可說是「當時新界地區工商業發展與市區逐步看齊」的開端，因此成為參考對象。[72] 屯門與沙田一同被納入新市

70 〈青松觀晚晴樓開幕，邀請盆栽藝研會，選精品參加展覽〉，《華僑日報》，1974 年 5 月 23 日，頁 7。

71 何佩然：《城傳立新：香港城市規劃發展史（1841-2015）》（香港：中華書局，2016），頁 182。

72 蔡思行：《戰後新界發展史》（香港：中華書局，2016），頁 113。

由沙田盆栽會主辦的盆栽展覽照片（照片由藍戊發先生提供）

沙田盆栽展覽
沙田文藝協會　沙田盆栽會　區域市政局　合辦
沙田區議會贊助　沙田政務處協辦

盆栽展

鎮的計劃，然而後者在六十年代已是旅遊、郊遊聖地之一，更因交通便利，很快便發展成集商業、工業和住宅功能於一身的市鎮，吸引不少人流。是故在七十年代，分別有古風園盆栽展覽與沙田盆栽展覽會。[73] 當中後者更是大型活動，在瀝源社區會堂舉辦，由荔枝園十多位盆栽專家借出 30 多盆盆栽，設有幻燈放映介紹盆栽知識，旨在增進區內居民對盆栽之認識、發揚國粹。假如居民有意於種植或索取專家意見，社區會堂更能安排會面，意在向各階層普及此門藝術。[74] 沙田更成為市政局與區域市政局聯合舉辦第一屆的「香港花卉展覽」的場地。

反觀屯門，昔日基礎建設欠奉，交通甚為不便，只有 1918 年開通的青山公路連貫深水埗區至新界上水一帶的地區，難以吸引外來人士到訪。至 1972 年才開通稔灣至白泥的一段公路，令屯門鄉屬稔灣與厦村鄉屬白泥兩地交通連貫，農作物得以輸送，改善食水設施。[75] 延至 1978 年第一期屯門公路開通，連接屯門與荃灣兩地，[76] 交通配套設置較以往完善，政府認為時機已到，因此加強推廣宣傳，吸引市民到屯門居住。為了讓市民對屯門產生興趣，政府希望通過舉

---

73 是次沙田盆栽展覽會由沙田文藝協會、沙田盆栽會、區域市政局合辦，並由沙田區議會贊助，沙田政府處協辦。

74 〈香港盆栽會舉辦，新職員就職聯歡〉，《香港工商日報》，1973 年 4 月 19 日，頁 11；〈沙田今舉行，盆栽展覽會〉，《華僑日報》，1978 年 2 月 10 日，頁 6。

75 〈英軍助闢稔灣白坭公路通車，村民慶便利〉，《華僑日報》，1972 年 5 月 31 日，頁 13。

76 〈屯門新路今日動工，後年底可完成通車〉，《香港工商日報》，1975 年 11 月 1 日，頁 19。

辦免費娛樂活動，加强說服力，而青松觀無疑是合適選擇。於 1960 年已植根於屯門的青松觀，多次參與市政局舉辦的花卉盆栽展覽，在 1976 年的第九屆花卉展覽中，代表青松觀參賽的梁勵，其盆景作品《火辣》更獲雙冠軍，無疑令市民加深對其認識。[77] 況且自 1974 年起，青松觀多次舉辦盆景展覽，免費供市民入場參觀，經報章多番報道，此活動已成為屯門的地標之一。政府選擇與其合作，實屬最簡單直接的方案，因為青松觀已有舉辦活動的經驗，政府只需稍加宣傳，投放資金和資源，便能達到其目的。而且活動已有固定的受眾，不少當地鄉紳參與，政府官員也可藉此接觸當地居民，了解他們對發展新界的意見和看法。此外，青松觀早年曾與政府部門合作，他們曾經籌辦的動物園，猴子是由漁農處提供；後來的市政比賽，邀請不同攝影師到青松觀內，拍攝觀內的蓮花，也與政府共同合辦，可見青松觀與政府部門合作由來已久，雙方自然樂於再次合作。更重要的是，青松觀也希望與政府合作，因為在政府的協助下，除了活動規模得以更為盛大外，在政府官員到訪及主持開幕儀式下，會為其活動增添吸引力，使更多市民到訪，達致推廣盆景文化之效用，可謂相得益章。

青松觀與政府的合作始於 1980 年，因應活動的成功，他們日後的合作模式，都以此作為基礎，因此本章先簡單概述是次盆景展覽的緣由。「1980 年屯門盆栽展覽會」是青

---

77 〈香港動態〉，《工商晚報》，1976 年 3 月 20 日，頁 3。

松觀與政府部門就推廣盆景的首次合作。政府之所以會產生這個想法，是希望通過舉辦免費娛樂活動增加市民對屯門的興趣，因此政府相關部門都極為重視、積極參與，。此次活動由青松觀主辦，新界政務司鍾逸傑（Sir David Akers-Jones，1927-2019）為名譽贊助人，漁農處處長李德宏（John Morrison Riddell-Swan，1926-2004）、新界市政署署長高禮和（Harnam Singh Grewal，1937—）為副贊助人；而漁農處、新界市政處、屯門理民府及香港旅遊協會則為贊助機構。展覽會舉辦之前，以上負責人組成「八〇年屯門盆栽展覽工作委員會」，商討各項細節，最終決定於屯門遊樂場舉辦為期九天、從上午九時開放至下午六時的免費盆栽展覽。

開幕當天除了一眾政府官員前來觀禮外，還有鍾逸傑負責剪綵和致詞，高禮和及漁農處副處長李瑜向得獎者頒發獎項，屯門理民官林中麟則主持頒獎予協助展會的機構。剪綵儀式過後，一眾達官貴人紛紛進場欣賞盆景，是次展品合共 400 多盆盆景，包含慈禧珍藏的盆景，也有中、小學兩組的盆栽優勝作品，同場更有盆栽花匠余一三等在場內做種植示範，解答市民的疑難，週末則加插粵劇式的娛樂節目，增加吸引性，屯門副理民官李淑儀更表示，盆栽展覽會將會成為屯門新市鎮內一年一度的盛事，由明年（1981 年）起，將有日本及東南亞國家的作品，參與展出。她希望通過此展覽，能使園藝事業、文化普及化外，也可以吸引眾多本港居民及中外遊客前往新市鎮參觀。[78]

通過政府官員和青松觀主持侯寶垣每年的致詞，不難發現為了配合政府對發展屯門的方針，盆栽展覽會的重點和題材每年略有不同。政府以循序漸進的方式，引導市民認識盆景文化如何與他們所推廣的價值觀息息相關。政府先對盆景的微言大義、箇中奧秘進行定義，進而講述盆景文化如何應用到日常生活、人倫關係當中，再培養為嗜好之一，最後如何利用此文化令社會成為綠化城市、改善生活環境，從而吸引更多遊客到訪。以第一屆展覽為例，鍾逸傑强調的是，市民可以通過觀賞盆景，從中領悟人生道理，繼而應用到日常生活當中。他指出「面積之大小實在並非如此重要」，善與美可以同時處於細小之地方，因此培養盆景對於居住環境擠迫之人士而言，即有修身養性之效用外，「更可提高彼等之生活情趣。」[79] 次年政府的論調不變，而青松觀主持則希望將盆景變為人人可及的玩意，從中教導市民盆景的哲理。[80] 第三年的目標變為吸引全港人士及外來遊客前來參觀，進而認識屯門，並從中得知青松觀對屯門社區作出的貢獻。[81]

---

78 〈由青松觀主辦一週，屯門下月舉行盆栽展覽〉，《華僑日報》，1980 年 3 月 24 日，頁 14；〈新界六個地區將相繼展植樹運動，屯門定期二十六舉行盆栽展覽〉，《華僑日報》，1980 年 4 月 13 日，頁 9；〈慈禧太后賞物，珍貴盆栽展出〉，《香港工商日報》，1980 年 4 月 27 日，頁 8。

79 〈慈禧太后賞物，珍貴盆栽展出〉，《香港工商日報》，1980 年 4 月 27 日，頁 8。

80 侯寶垣表示盆景在過往一直是只供「富貴人家和文人雅士賞玩的盆栽藝術」，因此希望借此機會讓市民多加接觸。〈屯門盆栽展週末舉行，展品達四百多盆〉，《工商晚報》，1981 年 4 月 8 日，頁 2。

81 〈收集奇珍供各界參觀，屯門青松觀舉辦，八二年盆栽展覽〉，《華僑日報》，1982 年 5 月 3 日，頁 13。

自第四年（1983 年）起，其目標與方向均強調加强市民對盆景文化的認識，有助於促進人際之間的和諧，增進心曠神怡及愛護自然環境的美德，藉此改善生活環境。油麻地小輪提供免費巴士服務，接載市民從屯門碼頭到青松觀一段的路程。青松觀主持發言表示屯門在政府的努力下，才搖身一變為一個現代化的新市鎮。因應屯門還在發展當中，市民需配合政府的各種改革，如綠化本區等。所以是次展覽目的，是喚起社區內人士，注意環境美化的重要性，使屯門在發展過程中，能有一個更舒適更美觀的居住空間。[82] 政府方面則强調盆景有美化環境之作用。在新界人口不斷增加的情況下，雖然政府通過建設不少休憩設施和種植花草樹木來改善市民的居住環境，但仍有賴於青松觀極力推廣盆景和園藝活動，喚起市民美化及珍惜自然環境的重要性，應記一功。[83]

從上述內容可見，青松觀與政府部門合作，無疑是雙贏的局面。對前者而言，青松觀向來從事不同的慈善業務，也為市民提供免費的娛樂活動。作為非牟利機構，青松觀的重要資金來源是善信支持和捐款，在合作以後，政府官員多次强調青松觀對屯門社區發展的重要性、他們的社會服務如何幫助不同階層，因而令青松觀的知名度大增，更與政府打下良好的關係。在每年的花燈競投聖會中，善信們都踴躍支持，如在 1981 年的競投，26 盞花燈中，每盞均以萬多元投

---

82 〈屯門盆栽展覽，奇異花卉多姿〉，《華僑日報》，1983 年 5 月 22 日，頁 7。

83 〈生活緊張中可陶冶性情，屯門盆栽展覽〉，《華僑日報》，1987 年 4 月 26 日，頁 7。

出，全數用於施贈醫藥、收養老人、興學及印送經文等，造福社會。[84] 其他團體也樂善好施，多次探訪老人院，給予援助於青松觀，如港九敬老福利會拜訪青松觀的老人院，並捐贈 2000 元作慰問。

在資金充足下，青松觀得以加建青松仙苑，並斥巨資擴建觀內的偌大園林，由陳鑑德負責設計，利用部分地方建造多座巨型假山，有層巒聳翠、人工瀑布和小橋流水，打造舒適環境供市民參觀。[85] 同時，政府也落力配合青松觀的發展，除了批出土地讓後者興建老人院予行動不便的老人外，也提供不少基礎建設，將後者打造為屯門的旅遊景點之一，吸引市民到訪。早在 1980 年，政府就興建兩條行人天橋通往青松觀，方便市民到訪。其後邀請 12 位各國領事參觀屯門發展時，特意安排大家在青松觀享用素食午膳，作宣傳之用。不少的社區團體，紛紛招待其會員到此一遊。最後，在政府的推廣下，盆景文化確實得以流行，達成青松觀的心願。自政府視盆栽為綠化藝術，解決過度工業化（空氣污染）與煩囂都市之對策，他們通過各途徑，致力將此文化塑造為香港市民的核心價值之一。因此，先有新界市政署與北區敬老活動委員會合辦的園藝社，獲批出粉嶺之荒地作實驗種植花園，舉辦七課的園藝課程，教導 60 歲以上的會員

84 〈青松觀昨舉行花燈競投，喜降甘霖預兆昇平〉，《華僑日報》，1981 年 2 月 14 日，頁 9。

85 〈道教善團斥鉅資拓展青松觀園林〉，《華僑日報》，1987 年 12 月 3 日，頁 3；〈青松觀闢園林開幕，菊藝盆栽攝影比賽〉，1987 年 12 月 7 日，頁 7；〈青松觀斥資拓園林，成新界旅遊新勝地〉，1987 年 12 月 13 日，頁 23。

青松觀為屯門盆栽展覽出版的刊物（照片由周和來道長提供）

青松觀為屯門盆栽展覽出版的刊物（照片由周和來道長提供）

屯門盆栽展覽照片（照片由周和來道長提供）

青松觀主辦
九一年屯門盆栽展覽
TUEN MUN BONSAI SHOW
區域市政署署長
鮑文太平紳士

關於園林建設、中日盆景業等知識；[86] 也在大埔開設園藝課程，教導公益少年團員種植知識，藉此令年輕人對種植和護理盆栽、樹木產生興趣，繼而活用這方面知識，進而美化身邊環境。後有市政局與教育署合辦全港學童盆栽比賽，加深兒童對植物的認識，進而加强他們對美化環境的重視。[87] 在無數的宣傳下，不少盆景組織成立，吸納年輕新一代。

至於政府方面，其最大成果無疑是培養市民產生保護大自然環境的意識以及吸引市民前往屯門旅遊和居住。由於政府視盆栽為美化環境、綠化城市的方案之一，因此希望推廣種植文化來打造新市鎮的獨有色彩。但是，其時管理新界日常事務的理民府官員大多為洋人，他們難以以中國傳統文化的角度去講解園藝方面等知識，需要專業人士從旁協助。剛好青松觀於六十年代已植根於屯門，向來以傳統與道教之哲理示人，其主持侯寶垣對盆栽盆景文化有深厚的認識，且有舉辦盆景展覽的經驗，在居民心目中已建立良好的形象。何況盆栽與盆景同出一轍，道教文化「回歸自然」的生態觀又與盆景息息相關，由青松觀向市民講解愛護環境之道，無疑具有說服力，更能影響市民的價值觀，培養他們對種植的興趣。而且每年的盆栽展，不論政府官員還是當年的鄉紳父老都會出席，政府也可以借此機會，向後者講述政府的發展目

86 〈當局撥地供作試驗花圃，北區園藝班慶結業，舉行盆栽比賽評定〉，《華僑日報》，1982 年 3 月 28 日，頁 9；〈大埔公益少年團員，參加園藝班學種植知識〉，1983 年 1 月 9 日，頁 8。

87 〈教育署市政局合辦全港學童盆栽比賽〉，《華僑日報》，1982 年 9 月 13 日，頁 21。

標，尋求他們的支持和認同。最後，青松觀致力於建立多元化的形象，每逢中秋佳節，都會舉辦「中秋追月雅集」，邀請書畫名家、詩人詞客、音樂名家共聚一堂；[88] 新年期間有秋燈慈善晚會，在膳食方面則有齋菜聞名遠播。加上觀內以中國傳統亭林的建築風格，成功令其成為屯門的地標之一。旅客們都會為了青松觀而專門到屯門一遊，間接推廣新界的旅遊發展。

88 〈屯門青松觀舉行詩畫琴歌追月雅集〉，《華僑日報》，1980 年 9 月 23 日，頁 20。

中國藝術，推至世界

第四章

香港盆景的輝煌時期

（1990年代）

1990 年，由青松觀主辦的屯門盆栽展覽如期舉行，合共展出 400 多盆中式盆景，包括青松觀的珍藏以及在屯門盆栽比賽中獲勝的作品。[1] 4 月 12 日，展覽在青松觀內舉行開幕典禮，多名漁農處及屯門區的政府官員和區域市政局的代表出席，並一同主持頒獎和剪綵禮。典禮開始時，青松觀侯寶垣觀長致歡迎詞，分別介紹盆栽展覽的歷史、青松觀服務社會的宗旨以及盆景如何達至道家修煉之旨趣。最後，侯觀長表示他觀察到歐美近日流行賞玩盆景之風，並稱：「本人希望將中國藝術推行於世界，發揚光大，是所厚望。」[2]

無獨有偶，與侯寶垣同時代的香港盆景家皆有這樣的願景，希望把香港的中國盆景藝術推廣至世界各地。因此本章的問題是：究竟香港的盆景家如何把盆景引領至中國內地及國際的層面，以及造成什麼影響？

香港盆景能以中國藝術的「身份」走向國際，自然與七十至八十年代盆景家的自我突破而形成的藝術特色有關，但當時內地與國際的局勢亦是相當關鍵的。內地盆景藝術無

1 〈四百盆傳統盆栽今起青松觀展出〉，《華僑日報》，1990 年 4 月 12 日，頁 14。

2 〈青松觀盆栽展覽開幕 將中國藝術推至世界〉，《華僑日報》，1990 年 4 月 13 日，頁 14。

疑在文革時期被迫中斷，但文革後盆景重新得到政府的重視，並被賦予傳統文化技藝品的身份。1979 年，北京北海公園首次舉辦全國盆景藝術展覽，匯集全國 11 個省市（廣東、上海、江蘇、浙江、四川、廣西、福建、北京、天津、遼寧、山東）合共 1000 多件的作品展出。此外，展覽設綜合館，展出中國盆景發展歷史資料，重申盆景源自中國。[3]

自 1979 年的首都盆景展覽起，內地社會掀起盆景熱潮，並在地方政府的推動下，盆景愛好者成立不同的盆景組織、協會和研究會等，例如在 1980 年恢復運作的廣州盆景協會（於 1956 年以廣州盆景俱樂部名義成立）、北京市盆景協會、山東省花卉盆景奇石藝術家協會和中國花卉盆景協會等，協助舉辦各式盆景藝術展覽，提供作品及作講解。[4] 至於全國性的組織，中國花卉盆景協會在八十年代成立，負責舉辦和統籌全國的盆景交流及推廣活動。工作包括舉行四年一次的中國盆景評比展覽、主持盆景學術研討會及編寫書籍和論文集等。[5] 在地方政府的支持下，不但各種類型的盆景

3 北海景山公園管理處編：《北海公園大事記》（北京：中國林業出版社，2000 年），頁 44；李景生：〈盆景藝術〉，《人民日報》，1980 年 1 月 10 日，8 版；傅珊儀：〈中國盆景發展的新趨勢〉，《中國花卉盆景》，1985 年 9 期，頁 18。

4 例如在 1981 年揚州市舉辦的揚州地區盆景藝術展覽，就集合了 9 個縣市、13 個單位和部分盆景愛好者製作的作品，作品提供者包括江蘇農學院教授徐曉白、瘦西湖公園盆景老藝人萬觀棠和曾參加國際盆景會議的趙慶泉。〈揚州展出三百多年的盆景〉，《人民日報》，1981 年 11 月 9 日，4 版。

5 其時政府所提倡的五講四美，是思想教育宣傳活動的內容。當中盆景被視為內容的一部分，也提出每個中小學生要栽種一盆花的要求。〈北京的花會〉，《人民日報》，1982 年 4 月 27 日，8 版。

書籍也紛紛出版，[6] 更有盆景報刊的出現：1984 年創刊的《中國花卉盆景》、1984 年由湖北省林業廳創辦的《花木盆景》以及 1985 年由國務院直接領導的經濟日報報業集團主辦的《中國花卉報》，在盆景知識普及化、盆景鑒賞以及市場推廣等方面，均扮演十分重要的角色。[7]

與此同時，中國政府銳意利用盆景作為與世界交流的「橋樑」。1972 年，美國總統尼克遜訪華，當時中國政府便贈送盆景作為禮物 [8] 在國際上八十年代起，中國盆景開始被展出，包括英國、美國、加拿大、德國等地，[9] 這使當地民眾對中國盆景藝術更有興趣，也使歐美的盆景愛好者發現在日式盆景之外的另一種形態和哲學。

---

6 若參考書籍的出版日期，可見在 1980 年至 1989 期間，出現各式各樣與盆景相關的書籍，例如以地方作介紹的盆景書籍：《嶺南盆景》、《成都盆景》；教導如何製作盆景的書籍：《盆景造型技法》、《海派盆景造型》、《怎樣製作山水盆景》；欣賞盆景的書籍：《中國盆景：佳作賞析與技藝》、《中國盆景造型藝術分析》。此外，曾於文革時期被批鬥的蘇派盆景代表人物周瘦鵑，其所作的書籍與散文被重新編輯而成《花木叢中》，由金陵書畫社在 1981 年出版，可見盆景已回復昔日的重要性。

7 以《中國花卉盆景》為例，在其創刊號中，內容可謂五花百門，應有盡有。刊內即有專業人士撰文為盆景發展提出建議，亦有介紹花卉及育種栽培、盆景藝術欣賞與盆景製作的文章，更有賣家（專業養花戶）的專欄文章，為盆景愛好者提供實用的資訊。〈《中國花卉盆景》受歡迎〉，《人民日報》，1984 年 12 月 27 日，5 版。

8 Ann McClellan, *Bonsai & Penjing: Ambassadors of Peace & Beauty* (Tokyo, Rutland and Singapore: Tuttle Publishing, 2016), p.45；"National Bonsai and Penjing Museum", 載於 https://www.doaks.org/resources/cultural-philanthropy/national-bonsai-and-penjing-museum（瀏覽日期：2022 年 7 月 13 日）及 "Notes on People: Nixon Loses a Tree He Got From China," *New York Times*, 13 Mar 1976, p.15.

9 吳化學：〈我國盆景在西德花展上獲十三枚獎牌〉，《人民日報》，1979 年 12 月 20 日，1 版；〈中國盆景在蒙特利爾國際花展上得獎〉，《人民日報》，1980 年 5 月 21 日，6 版；林海：〈中國盆景在英國〉，《人民日報》，1980 年 5 月 20 日，7 版；洪藍：〈我國盆景首次在美國展出〉，《人民日報》，1984 年 11 月 27 日，6 版。

上述形勢的變化，為香港盆景家走向國際提供了一個黃金機會。本章主要圍繞這個問題作討論，一方面香港盆景家積極把嶺南盆景送至國外展覽，順帶把嶺南盆景的技法與哲學帶到國外；另一方面，重拾動力的內地盆景界與香港盆景家重新建立關係，文革期間在香港發展的技法被重新介紹回內地，一些在內地及香港舉行的展覽，推動了兩地盆景的發展，並且進一步再詮釋嶺南盆景。可是，在輝煌的背後，香港盆景發展在九十年代日見青黃不接之危機。

第一節　香港盆景國際化

在本書的導論中曾指出，由於二戰後美日關係緊密，雙方之間文化交流不斷，北美流行日式盆景，對於中國盆景文化，大部分北美盆景家均只知大概而不知全貌。雖然伍宜孫未必是首個發現上述問題的盆景家，但卻是首個願意付出一切改變上述狀況的盆景愛好者。

經過六十年代幾次在花展上大放異彩後，伍宜孫的盆景藝術無疑廣受香港社會尊重，其人被視為本地盆景大師之一。1971 年香港大學課外部特別邀請他主講「盆景藝術」，正是反映他在本地盆景界之聲望和地位。[10] 然而，除了講解嶺南派之藝術手法外，伍宜孫把握機會，展示中國盆景的悠

10　〈盆景藝術公開講座〉，《香港工商日報》，1971 年 2 月 2 日，頁 6；〈港大校外部公開講座 伍宜孫講「盆景藝術」〉，《華僑日報》，1971 年 2 月 2 日，2 張 4 頁。

久歷史，望聽者能銘記盆景發軔於中國之事實。[11]

伍宜孫指出，中國之有園林佈置，始自夏商周三代，及漢代之園林有「人造假山之巧」以作點綴。又唐宋詩文中見假山景物之描述，足證在唐宋之世，「佈置庭園之假山，至此已進步到縮龍成寸，而可置於盆上」。可是，在唐宋時期，人們並沒盆景一稱，而是謂之「盆玩」，在元代則喚之為「些子景」，至於今日盆景之名，伍宜孫認為始於明清之時。由於清代康雍乾三代之盛世，「士大夫以至商賈、庶人，更普遍地以此為生活情趣，藝術消遣」，盆景及盆栽文化亦因而興盛起來。中國各地陸續出現不同的盆景風格，包括揚州之花塔式、四川之蚓曲式、安徽之滾龍式、北方之三曲式、兩湖之平托式及廣東的五林式。在清末民初，廣東盆景家參考繪畫手法而創造出以「蓄枝截幹」為中心的嶺南派盆景。[12]

由於日本與中國關係歷來極深，前者的藝術受後者影響至大，盆景藝術亦隨兩國之交流被帶到日本。伍宜孫認為自元朝以來，因為「日本派遣使節及商人貿易來往，更有不少日本人留學中國」，而將盆景及盆栽傳到日本。然而，由於盆景所需之材料在日本不豐，「而可選之種類亦遠不及中國之夥」，因此盆景不及中國普及，而日本盆栽卻較為風行。二戰以後，發源於中國的盆栽（甚至盆景）藝術，由日本間

---

11 是次演講收錄在 1974 年版的《文農盆景》一書中，見伍宜孫：《文農盆景》（香港：永隆銀行，1974 年第二版）。

12 伍宜孫：《文農盆景》，頁 50-52。

斷傳至西方，「更以中文『盆栽』兩字之譯音 Bonsai 成為普遍名稱」。因此，伍宜孫堅持盆栽和盆景源出中國，而非日本，然則他仍然尊重日本在推廣盆栽或盆景之功。[13]

最後，他對近來歐美多國相繼流行盆栽藝術感到欣慰，同時又大感擔憂。一方面，美國同好相繼組織交流，另一方面加州、夏威夷等地氣候溫和、土壤肥美，有利盆栽之培育。因此他表示：

> 除非我國百尺竿頭，再進一步，否則一百年之後，執世界盆栽牛耳者，恐非中國，更非日本，而是後來居上之美國。

於是他呼籲所有中國愛好盆景之士當肩負發揚光大之責任，「毋使祖先留給我們之藝術遺產，淪諸湮沒，而將來有禮失求諸野之嘆」。[14]

為使中國盆景藝術不至於失落，伍宜孫決心向國際盆景界介紹嶺南派盆景。1967 年起，伍宜孫開始編輯《文農盆景》一書，把其精選的盆景以圖文並茂及中英文說明之形式呈現出版。初版於 1969 年發行，「分贈世界各大圖書館、大學、盆栽會及愛好盆景者」，[15] 目的是匡正國際上以為盆景及盆栽藝術起源於日本之誤解。其自序中指盆景乃：

---

13 同上。

14 同上，頁 53。

15 同上，頁 14。

> 近世紀雖見稱於日本，然實濫觴於我國，以能悉心研究，廣事宣傳。[16]

此書出版後，吸引世界各地愛好盆景者函索，是故伍宜孫在 1974 年決定再版，並加以修訂，特別收錄其於 1971 年香港大學課外部演講之講詞〈盆景藝術縱橫談〉一文，並請專人翻譯成英文，以使國際讀者得知中國盆景之悠久歷史及嶺南盆景之奧妙。

此書既成，其影響力極甚，尤其對尚以日本為學習對象的北美盆景造成相當震撼的衝擊。舉例而言，美國盆景家 Doug Hawley 在北美盆景協會（ABS）慶祝成立五十周年的期刊中回憶，美國向來對中國盆景缺乏認識，只有在 1969 及 1974 年兩部《文農盆景》出版後，美國盆景界才開始欣賞中國的盆景藝術。[17] 此外，美國哈佛大學阿諾德植物園期刊 *Arnoldia* 在 1971 年刊載一文介紹盆景歷史，作者 Charles R. Long 參考伍宜孫 1971 年的公開講座及《文農盆景》一書後，提醒美國讀者不要因為美國與日本的關係而只關注日本盆景卻忽略中國。他表示中日兩國的盆景皆擁有一段悠久的歷史，隨後提出不少歷史證據支持以上說法。[18]

與此同時，本章引言提及上世紀七、八十年代的國際政

---

16 同上。

17 Doug Hawley, "History of the ABS and Bonsai in America, Part 1: 1800's through 1967," *Bonsai: Journal of the ABS*, Vol. 51, No. 1 (2017), pp. 6-19.

18 Charles R. Long, "The Informal History of Bonsai," Arnoldia, Vol. 31, No. 5 (September 1971), pp. 261-73。

治格局使中國盆景藝術開始被西方重視。當時北美兩個重要的植物園同時希望建立盆景展區，但問題是：如何取得一定數量及有相當質素的盆景？於是他們紛紛找到伍宜孫。

1984 年 10 月，加拿大滿地可植物園園長 Pierre Bourque 及滿地可盆景學會會長 David Easterbrooke 專程抵達香港拜訪伍宜孫，並且親自接收由伍宜孫捐出的 28 盆盆景，當中包括超過 130 年樹齡的佳作。Pierre Bourque 表示，得益於日本、上海及伍氏分別捐贈的盆景，該園現成為亞洲區以外「最大的盆景收藏所」，[19] 同年伍宜孫再次捐贈盆景，兩次合計共 47 盆，均由加拿大太平洋航空派出專機接送。滿地可市長表示伍宜孫的作品恰好見證着「東方人民對傳統的堅持、對細節的用心及對美好的抱負」。[20] 在 1985 年的特別展覽期間，這個年訪客量為 40 萬的植物園在短短兩個月便吸引了 25 萬名訪客，足見加拿大民眾對這批盆景興趣之濃。[21]

兩年後，另一批伍宜孫的盆景離開香港，由聯合航空專機送往北美，但目的地不再是滿地可，而是華盛頓。早在 1974 年，時任美國國家植物園總監 John L. Creech 已經在香港拜會伍宜孫，看到嶺南派盆景後，他驚訝地發現中式與日式盆景及盆栽在藝術和風格上大相徑庭。他向伍宜孫表示準備在植物園內設立盆景展示區，甚至請求對方把部分盆景送

19 〈廿八盆盆景珍藏 伍宜孫贈予加國〉，《大公報》，1984 年 10 月 19 日，2 張 7 版。

20 Dorothy-Ann Donovan & Marc Lord with David Easterbrook, *Bonsai, Penjing: Collection of thc Jardin botanique Bontanical Garden* (Montreal: Marcel Broquet, 1985), p.7.

21 Ari Posner, "City Bonsai Collection Expands to 48 ; New Ones on Display for Christmas," *The Gazette* (Montreal, Que), 2 August 1985, A3.

到華盛頓，可是伍宜孫卻認為加州的氣候更合適。[22] 最終在 1986 年，伍宜孫和商人呂樹英合贈 31 盆珍貴盆景予美方，由繼任的美國國家植物園總監 Henry M. Catney 及一眾人員抵港迎接，交聯合航空妥善運送。[23]

經過上述兩次捐贈後，伍宜孫無疑把香港盆景帶往國際，不但使這些珍貴的盆景一再震撼外國觀眾，亦將香港的嶺南派盆景藝術引入北美。從上一章可見，伍宜孫與黃基棉兩位先生可謂香港盆景之大師，後者以附石盆景見稱，而前者向來推廣嶺南派之「蓄枝截幹」，並以英文 "Grow and Clip" 名之。滿地可與華盛頓植物園均出版刊物，一方面介紹伍氏本人及他的盆景捐贈事跡，另一方面詳細節錄及翻譯伍宜孫等香港盆景家的文字與訪問，讓英文讀者得以掌握嶺南盆景的造景、手法以至背後的文化意涵。[24]

第二節　重塑嶺南盆景

文革期間，內地盆景藝術發展陷於停滯，過去省港盆景界之交流戛然而止，香港盆景因而走出本地的道路，甚至取

---

22 Ann McClellan, *Bonsai & Penjing: Ambassadors of Peace & Beauty* (Tokyo, Rutland, and Singapore: Tuttle Publishing, 2016), p.98.

23 〈伍宜孫及呂樹英盆景贈美國人民〉，《華僑日報》，1986 年 7 月 20 日，2 張 1 頁。

24 Dorothy-Ann Donovan & Marc Lord with David Easterbrook, *Bonsai, Penjing: Collection of the Jardin botanique Bontanical Garden*.

代廣州成為嶺南派盆景之中心。[25] 時至文革結束，盆景幸而除罪，甚至再次成為政府支持推廣之藝術。然而，一代大師已逝，多少國寶珍品淪散，盆景復興之路豈是一帆風順。不少盆景史家指出，當時盆景界出現地區發展不均之問題，北方地區的盆景處於剛起步階段，不少省市仍然是空白一片，[26] 只能從南方引進盆景供市民觀賞。[27] 即使某些地區的手藝沒因文革而遭到中斷，仍然得以傳承，但若只是強調其傳統特色，固守舊風格、舊材料，則難以突破、製作出創新的風格。相反，幸未中斷的香港盆景因而回到內地，將許多創新的元素注入日見復甦的盆景藝術中，尤以改造嶺南派盆景最是要緊。

八十年代，中止已久之交流回復正常，香港盆景界立刻組織起來，回到內地與同好切磋，包括香港國際盆栽會、香港盆栽會、青松觀及圓玄學院等。[28] 舉例而言，廣州盆景協會成立之際，香港國際盆栽協會曾派代表到會祝賀，香港盆栽會（時名為香港盆景藝術研究會）送上賀信和賀電。[29] 青松觀曾參與在上海舉辦第四屆亞洲太平洋地區盆景奇石展，並

25 在文革期間，香港「廣採樹樁，廣收古盆，創新技法」，因而奠定在嶺南盆景領頭羊的位置。謝榮耀：〈嶺南文化的一顆璀璨明珠 —— 嶺南盆景 60 年〉，《廣東園林》，2010 年 01 期，頁 68。

26 傅珊儀、姚乃恭：〈盆景展覽與盆景事業的發展〉，《花木盆景（花卉園藝）》1994 年 04 期，頁 4。

27 北京市盆景藝術研究會主編：《北京盆景藝術》（北京：中國林業出版社，1999），頁 16。

28 陳金璞、劉仲明編：《嶺南盆景傳世珍品》（廣州：廣東科技出版社，1998），頁 8。

29 作者不詳：〈盆景愛好者之家 —— 廣州盆景協會〉，《廣東園林》，1981 年 01 期，頁 57。

以羅漢松獲得大獎。[30] 此外，內地盆景也多次在香港展出，包括汕頭代表以紅紫荊花卉盆景在香港花展獲得冠軍。[31]1982 年，江蘇盆景藝術展覽在尖沙咀星光行舉行，蘇州及揚州兩派盆景相互輝映，吸引無數市民的目光。[32]

兩地交流在九十年代達至高峰，兩次在省港之間舉行的展覽震撼內地盆景界。1990 年，剛成立的廣東省盆景協會在廣州起義烈士陵園舉辦首屆省港澳臺盆景藝術博覽會，首次匯集粵（廣州）、港（香港）、澳（澳門）、臺（臺灣）的展品。在是次展覽中，香港嶺南盆景讓內地的盆景愛好者留下深刻印象。據凌略先生憶述，當時廣州的盆景造型較為矮小，以古樹形格居多，並流行以「空、簡、孤、疏」的原則構圖造景，風格崇尚素仁和尚的「素仁格」及相似的「文人樹」。[33] 然而，不論植物的高度與大小，來自香港的作品較傳統嶺南派為大，顯得更為氣派，因此十分新奇。加上，香港盆景家喜好賞玩野生與天然樹木，而且工藝優美，盆景與主題配合得天衣無縫，因而帶來極為震撼的效果。根據參觀者之一的韓學年先生表示，展品當中以黃基棉的附石盆景

30 劉仲宇：〈一景一木寓道心 —— 香港青松觀盆景藝術鑒賞〉，《中國宗教》，1998 年 02 期，頁 32。

31 蔡壯雄：〈盆栽花紅紫荊獲香港花展冠軍〉，《廣東園林》，1989 年 02 期，頁 41。

32 是次展覽由江蘇省古典園林建設公司、江蘇省土畜產品進出口分公司和新世界旅行開發（香港）有限公司聯合主辦，見〈江蘇盆景藝術品陳列館月中展出〉，《大公報》，1982 年 1 月 3 日，2 張 5 版；〈逾二百盆江蘇盆景明起在陳列館展出〉，《大公報》，1982 年 1 月 15 日，2 張 7 版及蔡壯雄：〈中國盆景藝術在國外〉，《中國花卉盆景》，1986 年 08 期 ，頁 2。

33 參見網上的一段分享，見 https://kknews.cc/zh-hk/other/ry6byjo.html ，瀏覽日期：2022 年 8 月 1 日。

最讓人嘆為觀止。有別於以樹根附石的慣例，黃氏作品以樹身附石，可謂「蒼勁斑駁的身軀牢牢附生於石壁之上，既另類超然，又貼近自然」。[34] 此外，其他香港盆景家的作品也令人印象深刻，包括伍鵬的《簕杜鵑》和趙振東的《雲杉林》。

是次展覽結束後，香港的盆景作品受內地同好廣泛關注，更相繼以香港為學習對象，推動內地盆景發展。在第一屆嶺南盆景學術研討會中，[35] 不少學者與盆景家發表以香港盆景為題之論文，[36] 其中一位論者認為香港盆景具有七大風格特色：選材新、枝法新、樹石盆景新、境界新、裝飾性強、模式新、技術新。顯然，與文革過後的內地盆景風格相比，香港盆景家勇於創新，拒絕墨守成規，在各方面有新的嘗試。舉例而言，在選材上，香港盆景家選擇「新的樹種，突破樹小的標準」；在技術上，香港盆景界吸收外地經驗，

---

34 劉少紅：〈靜將流水對 高共遠峰齊 —— 記著名盆景藝術家韓學年〉，《花木盆景（盆景赏石）》2011 年 07 期，頁 6。

35 是次研討會 1992 年由廣東園林學會特別設立的盆景專業委員會首次召開。此委員會於每年 10 月，將要討論的內容，發送給盆景業的專家，邀請他們提出意見，並寫成論文。其目標是對盆景理論研究，推動嶺南盆景事業的發展，並延續至今。陳金璞、劉仲明編：《嶺南盆景傳世珍品》（廣東：廣東科技出版社，1998），頁 8；劉仲明：〈嶺南盆景造型藝術 嶺南盆景發展概況（二）〉，《花木盆景（盆景賞石）》2009 年 02 期，頁 57。

36 在第一屆的研討會中，〈淺談嶺南樹樁盆景藝術的創新發展的途徑〉，就談及 1990 年的展覽，香港的盆景展品，其造型和風格突出之處，並可以此作參考，驅使嶺南盆景的進步。〈從陸學明的「大瓢枝」說到嶺南盆景的創新〉則欣賞香港盆景造型上的創新與突破，他們既勇於嘗試，開拓新品種花果盆景，亦有膽識，將原本已接近殘損的樹幹，直接把樹身挖空，成功創作出新的盆景。他們的勇氣與眼光，都值得內地愛好者學習。楊榮泉：〈淺談嶺南樹樁盆景藝術的創新發展的途徑〉，《廣東園林》，1993 年 02 期，頁 21；司徒為：〈從陸學明的「大瓢枝」說到嶺南盆景的創新〉，《廣東園林》，1993 年 02 期，頁 26-27。

採用新式肥料及工具等。相反，當時廣東盆景界尚停留在五十年代，有待發展，[37] 因此內地盆景家普遍可借鏡香港的經驗，從中趕上。兩年後，黃基棉率領香港盆栽會同仁訪問順德，與內地同好分享製作附石盆景的心得。此外，廣東省盆景協會擺放了青松觀的掛曆與小冊子，讓有興趣的會員，得以從中模仿與學習，使香港的盆景越加流行。[38]

1993 年，香港主辦第二屆亞太區盆景、雅石會議及展覽會，匯聚了世界各地的盆景佳作與愛好者，標誌着香港盆景藝術發展的巔峰。亞太區盆景、雅石會議及展覽會由世界各地不同盆景組織合作舉辦，目的是為世界各地的盆景愛好者提供交流機會，首屆展覽在 1991 年舉行，展覽地為印尼巴厘島，並且協定往後每兩年舉辦一次。作為國際盆景藝術中心之一，香港盆栽會成立爭取在 1993 年主辦第二屆展覽。是次展覽得到政府支持，根據區域市政局的備忘錄，當局認為這個展覽「屬國際性，有助推廣香港的形象」，同時「旨在引起大眾對盆栽藝術及文化的興趣，而種植盆栽一向是各階層人士所喜愛的閑暇消遣」。因此，為表示支持，當局允許免費借出沙田中央公園及沙田大會堂作展覽場地之用。[39]

是次展覽吸引來自美國、澳洲、印尼、日本、新加坡、加拿大、墨西哥、巴基斯坦和馬來西亞等 10 多個國家的藝

---

37 曾憲熚、馮龍生：〈勇於創新的香港盆景〉，《廣東園林》，1998 年 03 期，頁 6。

38 〈與藍戊發先生及凌略先生的訪問記錄〉，訪問日期：2021 年 6 月 9 日。

39 〈區域市政局康樂文化事務委員會備忘錄：一九九三年亞太區第二屆盆景、雅石會議及展覽會〉，RC.ReC.60.92，市政局及議會檔案。

術家和盆景，中國盆景藝術家協會則代表中國，組成大型代表團出席，從中挑選代表人員、作品以及協調運輸事宜。[40]展覽共分為室內及室外展區，並設有展銷攤位。此外，展覽更設有示範環節，讓香港、中國內地、日本及印尼代表現場展示他們的作品及技藝。除了場刊印有多篇由香港盆景家撰寫的介紹外，[41]大會更安排參展者到訪青松觀、圓玄學院及石苑，一探香港嶺南盆景的風采。[42]

隨着與香港交流日增，海內外盆景界對香港盆景藝術深感興趣，特別是個別盆景家的作品與技巧。伍宜孫《文農盆景》一書更成為當時內地盆景愛好者最為重要的讀物之一。《中國花卉盆景》期刊指出，《文農盆景》一書乃對盆景藝術「以辨本原，而正視聽」。[43]據老一輩的盆景愛好者回憶，當時內地主要流行小型的盆景，但香港卻發展出較大型的盆景，因此在一些文革後發生的交流中，廣東省同好非常驚訝於香港盆景藝術的發展，紛紛學習香港的造景和枝法。《文農盆景》一書詳細教授了嶺南派盆景的理論，從選盆到修剪，都提出了許多的建議，因而吸引了不少內地的愛好者閱讀及學習。我們訪問了一名來自內地、現居香港的盆景愛好者，他說《文農盆景》對他的影響很大，當時他沒有辦法

40 蘇放：〈中國盆景藝術家協會即將組團出訪〉，《中國花卉盆景》，1992 年 12 期，頁 2。

41 亞太區第二屆盆景、雅石會議及展覽會籌備委員會編：《亞太區第二屆盆景、雅石會議及展覽會》（香港：香港盆栽會，1993 年）。

42 同上，頁 6。

43 肖嘉：〈伍宜孫先生與《文農盆景》〉，《中國花卉盆景》，1985 年 02 期，頁 29。

第二屆亞太區盆景、雅石會議及展覽會場刊（照片由邱泰來先生提供）

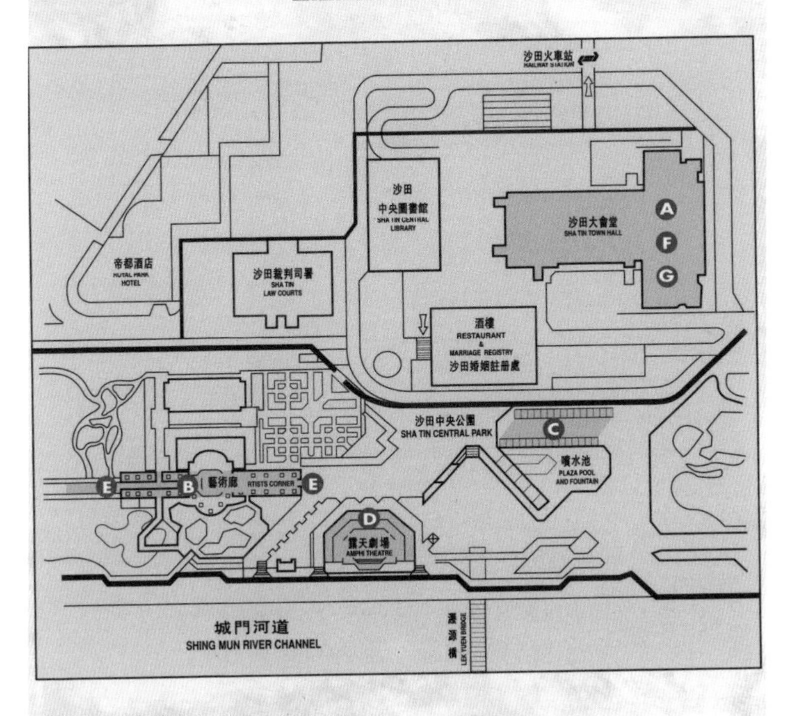

第二屆亞太區盆景、雅石會議及展覽會場刊（照片由邱泰來先生提供）

買到此書，便從別處借來一本，並手抄作收藏。此外，青松觀亦常常把其盆景佳作印刷成月曆或彩色圖冊，及後分贈各界，使內地盆景愛好者得以從中觀摩學習。[44]

過去孔泰初等盆景家創立嶺南派時，主要以廣州畫派黎雄才的「枝法」來製作盆景造型。香港盆景愛好者亦借鑑國畫繪畫特色，強調「爭位」、「禮位」、「馬眼」（即盆景枝幹上大小不一的洞）之呈現方式，令其造型和風格趨向精緻，別有一番風味。據凌略先生所述，現今在中國被譽為「新枝法」的盆景造型，其實源自八十年代，順德、番禺的愛好者紛紛到沙田一帶取經（學習），將當時香港的技術帶回內地再將之轉化而成。他們之所以到沙田觀摩，乃因此地既保留、承傳嶺南派技藝，但也加入新的元素，發展出獨有的特色。[45]

總括而言，香港盆景界對內地的最大貢獻，是為後者提供創新的技術，打造有別於過往的盆景風格與造型。通過《廣東園林》所載的數篇論文，投稿者清楚反映香港和廣州兩地，如何看待「香港嶺南派」對內地盆景界在造型和技術上的突破與貢獻。香港人士認為他們對每一樣的事物都講求變化，此思想也體現在賞玩盆景之中。因此，在接受傳統嶺

---

44 侯觀長在製作時，在選材方面以展現滄桑、久經歷練的樹樁為主，如羅漢松、杜鵑等，在枝法方面則善用「主幹或枝條的虬曲，表現一種飄舉向上的雄健之勢」，其後會順樹樁之勢而作修剪，不會強求拘束於固定模式，反之力求展現樹樁原有的形式，因而令其作品可千姿百態、千景千面，並通過配件突出其意境。故青松觀的盆景往往被評為「帶有道風仙氣的涵養，一景一木，寓寄着道心道情，是活的道教藝術品」。劉仲宇：〈一景一木寓道心 —— 香港青松觀盆景藝術鑒賞〉，《中國宗教》1998 年 2 期，頁 33-34。

45 〈與藍戊發先生及凌略先生的訪問記錄〉，訪問日期：2021 年 6 月 9 日。

南派的技藝後，漸漸作出改變。例如在造型上，「他們根據樹幹的歪、斜、曲、直，而決定主（樹）枝的長、短、輕、重」，務求達到奔放自然、瀟灑脫俗的效果，「做到真正的畫意樹（而不是殘缺古怪的造型）」。每每成品接近一半時，他們還會不斷推敲研究，看能否突破以往的造型與風格，因此能追求更高的藝術境界。至於在枝法方面，他們是「下垂枝（跌枝）」，但要垂得適度和有「氣」，因為這才能與野外老樹相似，顯出樹態的蒼老。[46] 至於內地人士，他們讚揚香港之「新」、敢於突破而不固步自封，因而作品都有製作者自身之特色，並以此分作四大家（派別）：伍宜孫、黃基棉、侯寶垣和趙鎮東。更重要的是他們不計較報酬，願意大花金錢舉辦盆景展覽，以供同好及人眾互相學習，「藉此弘揚及推動盆景藝術的發展，樹立一種高尚的道德風範」。[47]

第三節　今日之香港盆景

毫無疑問，九十年代的香港是海內外盆景界的中心。誠如侯寶垣所言，香港盆景家不但通過無限的創意及文化底蘊，震撼了世界，同時，他們的無私，成功「將中國藝術推行於世界，發揚光大」，但問題是：然後如何？在伍宜孫、黃基棉及侯寶垣等大師過後，香港盆景界似乎不復有過去之動力，陷入青黃不接之困局，甚至有被淹沒於時代洪流的危

46　胡力敏：〈香港之嶺南盆景〉，《廣東園林》，1998 年 03 期，頁 7。

47　劉仲明：〈香港嶺南盆景藝術之我見〉，《廣東園林》，1998 年 03 期，頁 5，8。

機。雖然箇中之因由殊不簡單，然而本章嘗試提出三個觀察，希望為香港盆景的式微提出一點解釋。

⌘ 觀察一：綠化與環境保護政策

香港盆景得以蓬勃發展，得力於七十年代起政府推行的環境保護政策，然而可惜日後相關的措施卻限制了盆景藝術的內容及推廣。因應歐美的環保風潮及其環保政策的實行，港府逐漸意識到環境保護的重要性，1970 年設立空氣污染諮詢委員會，1972 年設立土地與水質污染諮詢委員會，[48] 1975 年甚至開設環境科，為地政、運輸及環境保護計劃制訂政策。上述措施無不顯示在往後的城市規劃之中，政府不再單純以經濟發展為考慮要點，反而處處表現對解決空氣污染的決心。[49] 然而，當時新市鎮發展的方向與目標尚承接六十年代訂下的藍圖，注重「自給自足」與「平均不同土地使用」。最後在 1972 年，港督麥理浩提出「十年建屋計劃」，在供應房屋需求之同時，必須在發展中平衡大自然的

48 Jim, C.Y, "Status and Prospects of Environment Protection in Hong Kong," *The Environmentalist*, Vol 12, No. 1(1992), p.30.

49 自 1970 年代起，政府明顯意識到環境保護的重要性，在 1970-1979 年間，通過不少限制污染排放的條例，包括針對空氣污染的《保持空氣清潔（噴出煙霧之限制及計量）規例》，規定燃燒裝置排放塵埃及砂礫的限制；針對噪音污染的《簡易程序治罪（夜間工作）規例》，禁止在公眾假期及每日晚上 7 時至翌晨 7 時使用機動設備等，更聘請環境資源有限公司，要求他們就香港的環境問題，提交意見及報告。詳盡的資料，可參考環境保護署的網頁簡介：https://www.epd.gov.hk/epd/misc/ehk03/textonly/big5/hk/1_2.html ，瀏覽日期：2022 年 8 月 1 日。

需要，把環境保護及美化城市的方針納入發展計劃之中。[50]

因此，政府開始加强教育，希望增加全港市民對環境保護及綠化城市等概念的認識，藉此改善香港的居住環境。綠化香港是重要的，因此政府透過植樹活動和清潔香港運動，推廣環境保護和保育的意識，使青年人進一步認識樹木對環境美化的重要性。[51] 同時，政府希望市民能通力合作，協助護理樹木，使其不受摧殘。[52] 此外，政府官員利用青松觀主辦的盆景展，多次指出種植盆栽和室內花木的重要性。[53] 他們對於中小學生的教育也十分着緊，通過舉辦新界學生盆栽比賽，讓他們理解栽種盆栽的好處，進而激發他們美化環境的意念。社區團體也配合政府的宣傳，小童群益會葵芳兒童中心更舉辦盆栽三部曲，以展覽、講座以及比賽，鼓勵市民合作種植盆栽，以此美化家居。[54]

在社會風氣的驅動下，市民日益重視美化居住環境，加上報章多有報道種植盆栽之益處，「綠化口號」顯然成為時

---

50 因應各種的限制，以及經費的考慮，政府在早年的新市鎮發展中，並沒有加入環境保護的要素。但在第三階段發展裏，為將軍澳制定規劃藍圖時，環保的概念首次出現在報告中，就噪音、水質、空氣質素，納入考慮因素之一。Peter Hills, "Environmental Impact Assessment and New Town Planning in Hong Kong," *Landscape and Urban Planning* 14(1987), pp.263-265.

51 〈新界六個地區將相繼展開植樹運動，屯門定期二十六舉行盆栽展覽〉，《華僑日報》，1980 年 4 月 13 日，頁 9。

52 〈建設新市鎮樹木多摧毀，大埔推行廣植新樹〉，《華僑日報》，1982 年 5 月 22 日，頁 9。

53 〈屯門盆栽展覽配合美化環境〉，《華僑日報》，1982 年 5 月 23 日，頁 9。

54 〈鼓勵住戶長幼合作種植美化家居，葵芳邨盆栽三部曲展覽講座比賽多姿〉，《華僑日報》，1982 年 8 月 11 日，頁 37。

尚，盆栽、盆景更變為居民日常生活中的必需品。[55] 許多家庭主婦熱衷於此，藉此怡情養性，提升起居生活格調，[56] 商業機構對鮮花與盆景的需求大增。因此，踏入九十年代的香港可謂「綠色飢渴」，在室外的新建公共樓宇必備一定比例綠地和花木，[57] 馬路、街道和公園都種有鮮花與樹木，即使在狹窄的駱克道，在一道窄窄的分界牆上，也擺放許多盆景，並為它們製作一些窄而長的小木匣。[58] 對室內擺設「綠色植物」的追棒，使花卉業迎接高峰，以 1993 年為例，其消費額為 308,420,000 港元，[59] 不難看出香港市民視「綠色植物」為生命中不可或缺的一部分。

可是，綠化概念之普及並不代表盆景也得以流行於市民的日常生活當中。香港歐亞園藝有限公司代表歐永森接受訪問時，曾指出盆景與國產蘭花在國際市場上從未能大批量出售，對比鮮（切）花與盆花，盆景的銷量不及它們的百分之一。即使在香港，盆景在花卉市場向來都是滯銷，只能作為陪襯。在歷年的花展中，盆景與蘭花的買賣生意也是最差的。[60] 由此可見，綠化政策之推廣雖然使香港人意識到環境保護及綠化家居的重要性，唯在日常生活中，大眾往往只是

---

55 〈各類花木與盆栽進口年增四成四〉，《大公報》，1984 年 12 月 17 日，頁 10。

56 〈綠化口號已成時尚，盆栽擺設怡情養性，改變起居生活格調〉，《華僑日報》，1983 年 12 月 25 日，頁 13。

57 吳勁章：〈香港園林見聞（之一）〉，《廣東園林》，1982 年 04 期，頁 17。

58 張天來：〈綠在香港〉，《森林與人類》，1997 年 03 期，頁 5-6。

59 許霖慶：〈香港花木產銷 30 年回顧〉，《中國花卉園藝》，2008 年 19 期，頁 24-25。

60 歐永森：〈一個香港商客對目前國內花卉行業發展的看法〉，《中國花卉盆景》，1994 年 11 期，頁 4。

把購買盆栽、鮮花、插花並在家中擺放作為對政府呼籲的響應。因而盆栽一時成為時尚玩意，明星們以此作解悶，普通市民則作裝飾家居之用。他們可能對盆景缺乏興趣，也可能對盆景文化認識不深，視盆景與盆栽為同一品種，因而誤以為自己手上的盆栽與盆景無差。若留意其時報章的言辭，其內容往往將盆景與盆栽混為一談，由香港盆栽會、青松觀等團體所舉辦的盆景展，他們往往以「盆栽展」，而非使用「盆景展」稱之。更為明顯的例子，是 1983 年在香港舉辦的「中國盆景藝術展覽」，他們對活動做出簡述時，往往將「盆景」等同「盆栽」，如：「展覽會的最大特色是觀眾可以欣賞到在全國各地的盆栽精品、各流派和充分表現出在地方色彩上的不同風格。」[61] 作為市民接收社會新聞內容的渠道之一，報章的報道，無可避免有「耳濡目染」之效，令市民錯誤地視兩者同為一體。即使在坊間，除了《文農盆景》一書清楚將兩者作出區別外，業界也沒有意向對此作出澄清，由青松觀出版的盆景展覽小冊子，也以《青松觀盆栽展》稱之，難免讓社會大眾難以區分，產生誤會。更有甚者，受居住環境空間所限，相對於盆栽的高度大小，盆景無疑更佔空間，更需時打理。試問，生活在急速的都市之中，市民如何有空餘時間花費在盆景上？

61 〈香港首次辦全國性盆景展，全國盆栽精品展現港人眼前〉，《華僑日報》，1983 年 1 月 11 日，頁 11。

⌘ 觀察二：市場之衰落

自六十年代起，為解決人口迅速增長而引發的各種社會問題，包括市區擁擠和人口在沒有系統及規管下向市區外擴散，香港政府決心開發新市鎮，將人口有序地安置到新界的墟鎮。[62] 雖然此舉有效解決了市區的政治與社會危機，但城市化浪潮直捲新界農村，為鄉郊帶來難以修補的環境危機：為了興建房屋與基礎設施，大量青山綠草被清除、河水被污染，生態環境發生退化。

有見及此，在建設城市的同時，香港政府需要解決環境衰落的問題。六十年代，政府開始研究設立郊野公園，以此來保護鄉郊地方和滿足市民對戶外活動的需求。[63]1976 年，《郊野公園條例》（*Country Parks Ordinance*）通過，將市郊未被開發的地區劃為康樂及保育用途的公園，亦即我們今天所認知的郊野公園。[64] 可是，新界原居民的松山牌受此政策影響極大。雖然政府尊重他們的固有權利（rural customary rights），將一些原居民的村落刻意排除在郊野公園範圍外，[65] 讓他們可維持昔日生活模式。然而，平日被村民視作

---

62 有關新市鎮的發展，可參考黃鈞堯：〈香港新市鎮發展 —— 回顧與展望〉，載鄭宇碩等著：《八十年代的香港 —— 轉型期的社會》（香港：大學出版印務，1981 年），頁 181-202；何佩然：《城傳立新：香港城市規劃發展史（1841-2015）》（香港：中華書局，2016 年），頁 179-91。

63 Jim, C.Y, "The Country Parks Programme and Countryside Conservation in Hong Kong," *The Environmentalist*, Vol. 6, No. 4 (1986), pp.262-263，另可參考 Lee M. Talbot and Martha H. Talbot, *Conservation of the Hong Kong Countryside: Summary Report and Recommendation* (Hong Kong: Government Press, 1965) 。

64 何佩然：《城傳立新：香港城市規劃發展史（1841-2015）》，頁 343。

65 葉健民：《特區管治的挑戰》（香港：香港城市大學出版社，2017 年），頁 151。

「後花園」的無人居住之偏野地（waste land），卻被納入郊野公園用地之中，被嚴禁私自開發，包括不能生火、耕作及砍樹等。因此，本地盆景界難以像過往般尋求適合的樹胚、樹樁，整個市場陷入萎靡不振之困局。

與此同時，沙田原為盆景大師們集中光顧的園藝集散地，尤以種植蔬菜和花卉為主。[66] 可是，在新市鎮發展第三階段之中，沙田不少農地被政府收回，用作改建道路、私人樓宇和商場，不少花農被迫改行，間接影響盆景業的發展。本文的受訪者藍先生指出，不少排頭村村民在今日沙田火車天橋附近一帶製作及出售盆景，但自 1978 年該站進行重建後，政府收回附近之土地，對整個行業有巨大的影響。[67] 此外，今天偉華中心一帶的土地，原屬農地一片，用作種樹、耕作，更可存放樹樁，當時政府與業主並不會對此規管太多，相關管制也十分隨和。可是，及後因應偉華中心的落成以及大老山隧道的興建，大量耕地被收回，令不少本地園藝公司失去經營空間，無以為繼。另一方面，內地政府對花卉事業大力推廣，歡迎社會各界人士投身此行業。為了縮短與香港的差距，政府官員參與由地方組織舉辦的盆景研討會，創辦與盆景相關的期刊，甚至派出盆景家參與國際性的花卉展覽。有見於內地政府的態度，香港不少園藝公司選擇到內地發展，除了受訪者藍先生利用政府的補償金北上發展開設

---

66 Chiu T.N. , So C.L. ed, *A Geography of Hong Kong*, (Hong Kong: Oxford University Press,1983), p.166.

67 〈九廣鐵路向地下鐵看齊，車站上層大興建設，沙田站商業住宅建築兩年落成〉，《工商晚報》，1977 年 6 月 23 日，頁 2。

種植場外，不少本港的園藝公司在內地進行投資，利用內地的空間，根據不同花卉對氣候的不同需求，到不同的地方興建花場，再將成品運回本港出售。因此，即使在九十年代，香港花卉業最為鼎盛時，其花木大多由世界各地進口而來，這使本地花卉種植用地減少，由 1983 年的 370 公頃種植面積下降到 1998 年的 290 公頃。更有甚者，1998 年即使香港的花木生產總值達至 283,780,000 港元的巔峰，但往後已經無以為繼。[68]

⌘ 觀察三：大師們一去不返

從上述各章節可見，香港盆景藝術的發展得益於海內外政治及藝術風潮的影響，也因香港政府的支持與本地園藝市場的建立而得以廣為流傳。可是，一眾盆景家的推動無疑是香港盆景藝術得以蓬勃發展的關鍵。一方面，他們致力於創作，在嶺南派盆景的基礎上加以改良，提出了許多嶄新的技法和理論；另一方面，他們積極地推廣盆景藝術，不但成立各種組織、舉辦各種展覽，更重要的是，他們無私地把自己的盆景與知識向大眾分享，使香港盆景藝術能流行於國際。

然而，在上世紀與本世紀之交，本書所述的盆景大師相繼去世，使本港的盆景藝術無以為繼。譬如黃基棉先生於 1996 年、侯寶垣觀長在 1999 年及伍宜孫先生在 2005 年辭世，香港不但痛失一代盆景大師，香港盆景界也頓然失去前

68 許霖慶：〈香港花木產銷 30 年回顧〉，《中國花卉園藝》，2018 年 第 19 期，頁 24-26。

由香港郵政發行的盆景郵票（照片由黃靜儀女士提供）

行的力量。是次撰寫本書時，我們有幸訪問到上述三位大師的後人及弟子，分別是伍宜孫的兒子伍步功先生、黃基棉的女兒黃靜儀女士及侯寶垣的弟子周和來道長。通過他們的講述，我們不但了解更多關於他們父輩一班盆景大家的點點滴滴，更重要的是他們或多或少耳濡目染，對於盆景藝術有一定的了解和心得，但他們異口同聲地表示很難把父輩的手藝傳承下去。

2000 年，原因政府收地早已關閉的文農學圃再一次在九龍塘重開，事源香港浸會大學剛好在善衡校園金城道出入口有一個閒置的空間，供學生休憩之餘，可置植物於其中。與此同時，已達期頤之年的伍宜孫鑒於自己年事而高，希望為己所珍藏的驚世盆景作品尋覓適當的「去向」，因此他捐

香港浸會大學文農學圃新址啟用儀式請柬（照片由香港浸會大學提供）

Ceremony for the Relocation of the Man Lung Garden

文農學圃新址啟用儀式

Hong Kong Baptist University
requests the honour of your presence at the

Ceremony for the Relocation of the Man Lung Garden

to be officiated by

Dr. Michael P. K. Wu
Secretary, Wu Yee Sun Charitable Foundation Limited

Mr. Moses M. C. Cheng, GBS, OBE, JP
Council and Court Chairman

Professor Ng Ching-Fai
President and Vice-Chancellor

on Thursday, February 24, 2005
at 3:00 pm
in the Man Lung Garden
Kam Shing Road, Ho Sin Hang Campus

RSVP before Monday, February 14, 2005 using the enclosed reply card
Guests are kindly requested to be seated by 2:45 pm
Refreshments will be served after the ceremony
Enquiries: 3411 7790

香港浸會大學文農學圃新址啟用儀式請柬（照片由香港浸會大學提供）

本校謹訂於二零零五年二月二十四日（星期四）下午三時正假
校善衡校園金城道文農學圃舉行
文農學圃新址啟用儀式
恭請
伍宜孫慈善基金會有限公司秘書伍步高博士
校董會暨諮議會主席鄭慕智律師
校長吳清輝教授
蒞臨主禮
敬候
光臨
香港浸會大學敬約

請於二零零五年二月十四日（星期一）前用回柬示覆
嘉賓請於下午二時四十五分前就座
典禮後敬備茶點款待
查詢電話：三四一一 七七九零

出 2500 萬港元和盆景，在上述地點重新開設文農學圃，[69] 目的是「透過公開陳列，啟發觀賞者對盆景藝術的興趣，加以揣摩鑽研，發揚下去」。[70] 浸大文農學圃的成立不啻為香港盆景界踏入千禧年代的盛事之一，除石苑與青松觀外，在九龍市區從此出現如此規模的盆景花園。

69 有關報道可見〈縮龍成寸的妙韻　首個盆景花園開幕〉，《香港經濟日報》，2000 年 7 月 12 日，C03。

70 參見浸大文農學圃網頁：http://manlung-garden.hkbu.edu.hk/spotlight/penjing1.htm

餘論

雖然今天香港盆景不再常見於公眾眼前，但自上世紀三十年代起，香港不但有為數不少的盆景愛好者，還舉行了許多盛大的展覽，當中以 1993 年的第二屆亞太區盆景、雅石會議及展覽會最具影響力。通過爬梳各種史料，發掘過去香港盆景的些子往事，我們可以肯定：要了解中國甚至世界盆景藝術的發展，香港是不能被遺忘的。

自二次世界大戰後，嶺南盆景藝術在香港扎根，吸引不少銀行家及宗教領袖投入於此興趣。他們互相交流，漸漸發展出具有本地特色的盆景風格，最後在八九十年代成為國際盆景界之標杆。若論貢獻，香港盆景藝術一方面把中式盆景帶到國際舞台，改變世界以日式盆景為學習對象之狀況，至今全球不少植物園內仍然展出來自香港的盆景，使更多人了解中國盆景。另一方面，內地盆景界在文革時期多有停滯，過後以香港盆景為學習對象，迅速改變了內地盆景的技法，特別是以廣東為中心的嶺南盆景。

上述的貢獻無疑得益於海內外的政局發展，可是我們更不能忽視的是，香港盆景家奉獻出他們的耐心與創意，造就出不少有別於過去的藝術特色。舉例而言，伍宜孫承傳及再造嶺南「蓄枝截幹」的技法、黃基棉創造出驚為天人的附石盆景與侯寶垣兼容盆景與道家修養。更重要的是，上述的香港盆景家皆以無私之心，以積極推廣盆景文化為己任，不作掩飾地把自己的知識分享，只求拋磚引玉。最後，如伍宜孫般，把盆景捐贈於各地植物園及大學，使其盆景藝術能承傳下去，讓國人及世人欣賞，其心之高尚，莫不教人衷心敬佩。

事實上，盆景不但藏於盆景家的花園之中，而且收藏在植物園的展覽區中，更出現在年宵市場、花圃等地方，供一般買家購入培養性情、裝飾家居。因此，從文化史的角度而言，盆景不但是一種藝術，也是一種商品。香港的盆景市場在六十至九十年代相當蓬勃，一方面市場上流通的盆景當然在藝術性上稍遜，但不啻為大眾喜愛的商品。另一方面，香港盆景家仰賴新界樹樁的賣家，為香港盆景藝術提供源源不絕且造型獨特的樹木。

盆景的商品性不免令人質疑這個興趣是特定階層的玩物，於社會無益。然而，這種批評忘記了盆景自民國時期以來被形塑成國家的象徵。自六宜社五老起，盆景家一直有意識地把他們的興趣與中國傳統文化連結，也積極以推廣盆景即保存國家文化為己任。這不但為香港盆景發展帶來動力，更為我們探索出今天盆景藝術的意義。

⌘ 人文與科學的結合

有別於以種植與栽培為本的盆栽，盆景具有藝術性，以樹、石等元素組合成反映人類對大自然的喜好和敬意。[1] 伍

1 彭春生、李淑萍：《盆景學》（武漢：花木盆景雜誌社，1988 年），頁 1-6。

宜孫認為盆景賞玩結合園藝常識、文藝修養、高度耐性、不辭勞苦等條件，更需要「多讀藝術理論，多看別人作品，多觀名畫及大自然景物，及多研究實踐問題」。因此製作盆景除了需要種植之理論外，還要結合一定的人文知識。

周世勳重視以詩文造景，提議「從唐詩、《千家詩》或其他詩集中」選擇合宜的詩句作為盆景主題。同時，嶺南盆景強調融合國畫的手法，將傳統山水畫的意象帶到盆景中。此外，侯寶垣強調通過盆景帶出道家精神，使人達到修煉之效。因此，當人們賞玩盆景時，必須具有一定的國學根基，掌握儒、釋、道的哲學思想，甚至對詩文、書畫有一定的研究，才可以造就出別具韻味的盆景。

於是，一方面從選樹到培育，盆景講求訓練人們對植物、生命的探索，從中可以學習種植技術。另一方面在造景時，盆景需要大量的國學知識，將文學、哲學及繪畫等人文知識融貫其中。因此，盆景的確橫越了科學與人文知識的界限，甚至將兩者拉近。

⌘ 人才最重要

不同於畫作及其他形態的藝術作品，盆景涉及具有生命的樹木，必須定時打理及修剪，不然以香港的天氣，很快必會出現害蟲。盆景家在設計他的作品後，需要不時維持，否則設計會因樹木生長而改變。因此盆景往往不能像其他藝術品，放置於藝術館中，即使創作者已經不在人世，也能讓後世好好欣賞。

因此，盆景的本體固然是我們看得見的實物，但要維持這個實物，必須要將盆景家的創作理念和手法傳承下去。尤其當一些盆景的樹木能生長超過百年，單一的盆景需要幾代盆景家參與其中。今日香港盆景的困境並不在於我們沒有珍貴的盆景，而是可以把這些盆景維持下去的專家真的已經不多。

如果你看完這本書，也對香港盆景感到興趣，不妨到上水石苑、浸大文農學圃、青松觀及志蓮淨苑等地走走，不少珍貴的盆景作品仍然安放其中，但究竟可以維持多久？相信沒有人能回答。

參考書目

1、歷史報章及期刊

I. 中文

《香港華字日報》
《香港工商日報》
《香港經濟日報》
《中國學生周報》
《華僑日報》
《工商晚報》
《人民日報》
《光明日報》
《南洋商報》
《農林新報》
《現世報》

II. 英文

The China Mail
Hong Kong Telegraph
South China Morning Post
The Gazette (Montreal, Que)

2、政府文件

Government Gazette
Report of the Superintendent of Botanical and Afforestation Department
市政局及議會檔案
香港工商業管理處統計科：《一九五八年至一九六三 / 一九六四年生活費用調查》（香港：政府印務局，1965 年）

3、香港盆景家著作

伍宜孫：《文農盆景》（香港：永隆銀行，1969 年第一版、1974 年第二版）
花王周：《花卉栽培手冊》（香港：宏業書局，1977 年）

花王周：《花樹情趣及栽培常識》（香港：宏業書局，1965 年）
花王周：《盆栽與盆景》（香港：香港宏業書局，1967 年）
花王周：《插花．盆景．盆栽》（香港：宏業書局，1974 年）
黃氏家族編：《石苑選粹：黃基棉先生盆景藝術紀念集》（香港：黃氏家族，2002 年）

4、相關研究

I. 中文

中國盆景編輯委員：《中國盆景：佳作賞析與技藝》（合肥：安徽科学技术出版社，1988 年）
孔泰初、李偉釗、樊衍錫：《嶺南盆景》（廣州：廣東科技出版社，1985 年）
尤曾家麗、黃振威：《人間到處有青山：四大寇之尢列傳》（香港：中華書局，2020 年）
王志英：《海派盆景造型》（上海：同济大学出版社，1985 年）
王志英圖、潘傳瑞文：《盆景造型藝術》（成都：四川科學技術出版社，1986 年）
北京市盆景藝術研究會主編：《北京盆景藝術》（北京：中國林業出版社，1999 年）
北海景山公園管理處編：《北海公園大事記》（北京：中國林業出版社，2000 年）
司徒為：〈從陸學明的「大瓢枝」說到嶺南盆景的創新〉，《廣東園林》，1993 年 02 期，頁 26-27。
仲濟南編：《安徽盆景》（北京：中國林業出版社，1999 年）
成都園林學會盆景組編：《成都盆景》（成都：四川人民出版社，1981 年）
江西省科學技術協會編：《江西盆景藝術》（上海：上海文化出版社，1986 年）
何佩然：《源與流：東華醫院的創立與演進》（香港：三聯書店，2009 年）
何佩然：《城傳立新：香港城市規劃發展史（1841-2015）》（香港：中華書局，2016 年）
余暉、謝榮耀：《嶺南盆景佳作賞析》（廣州：廣東科技出版社，1998 年）
余繩武、劉蜀永編：《20 世紀的香港》（香港：麒麟書業有限公司，1995 年出版、1998 年再版）

佟文浩編：《家庭盆景製作與欣賞》（武漢：湖北科學技術出版社，1993 年）
吳勁章：〈香港園林見聞（之一）〉，《廣東園林》，1982 年 04 期，頁 17，45。
吳培德編：《中國嶺南盆景》（廣州：廣東科技出版社，1995 年）
吴涵真編：《義賣紀述》（香港：國訊港社，1939 年）
李偉釗：《廣東盆景》（北京：中國林業出版社，2000 年）
李偉釗編：《嶺南微型盆景》（廣州：廣東科技出版社，1991 年）
李鵬、范許哲：〈嶺南盆景發展史探析〉，《遼寧農業職業技術學院學報》，21 卷 4 期（2019 年），頁 4-7。
汪彝鼎：《怎樣製作山水盆景》（北京：中国林业出版社，1989 年）
作者不詳：〈盆景愛好者之家 —— 廣州盆景協會〉，《廣東園林》1981 年 01 期，頁 57。
肖嘉：〈伍宜孫先生與《文農盆景》〉，《中國花卉盆景》，1985 年 02 期，頁 28-29。
周朝忠、鄧玉編：《盆景造型技法》（南寧：廣西科學技術出版社，1989 年第一版、1996 年第二版）
周瘦鵑：《花木叢中》（南京：金陵書畫社，1981 年）
邱仲麟：〈宜目宜鼻：明清文人對於盆景與瓶花之賞玩〉，《九州學林》，5 卷 4 期（2007 年冬季），頁 120-166。
邱仲麟：〈蘭癡、蘭花會與蘭花賊：清代江浙的蘭蕙鑑賞及其多元發展〉，《中央研究院歷史語言研究所集刊》，第 87 本 1 分（2016 年 3 月），頁 176-242。
邵忠：《蘇州盆景技藝》（上海：上海科學技術出版社，1989 年）
邵忠編：《中國盆景技藝》（上海：上海科學技術出版社，1993 年）
邵忠編：《中國蘇派盆景藝術》（北京：中國林業出版社，2001 年）
邵忠編：《蘇州盆景》（北京：中國林業出版社，1999 年）
盆栽集出版委員會編：《盆栽初集 — 香港國際盆栽會》（香港：三民印務有限公司，1979 年）
胡一民：《徽派盆景》（北京：中國林業出版社，1998 年）
胡力敏：〈香港之嶺南盆景〉，《廣東園林》，1998 年 03 期，頁 7。
胡運驊編：《上海盆景欣賞與製作》（北京：金盾出版社，1991 年）

韋金笙：《中國盆景製作技術手冊》（上海：上海科學技術出版社，2018 年）
香港中華基督教青年會會史特刊委員會編：《香港中華基督教青年會會史（1901-2012）》（香港：香港中華基督教青年會，2013 年）。
香港盆栽藝術研究會：《香港盆栽會修訂會章》（1978 年，未公開發售）。
香港道教青松觀：《侯寶垣道長紀念集》（香港：香港青松觀，2000 年）
方光輯錄、淩亦清整理：〈香港作家筆名別號錄（三）〉，《文學研究》，3 期（2006 年秋季），頁 194。
徐曉白、吳詩華、趙慶泉：《中國盆景》（合肥：安徽科學技術出版社，1985 年）
馬文其、魏文富編：《中國盆景欣賞與創作》（北京：金盾出版社，1995 年）
馬文其：《山水盆景製作與欣賞》（北京：文化藝術出版社，1989 年。）
高馬可著、林立偉譯：《帝國夾縫中的香港：華人精英與英國殖民者》（香港：香港大學出版社，2021 年）
崔友文：《中國盆景及其栽培》（上海：商務印書館，1948 年）
張天來：〈綠在香港〉，《森林與人類》，1997 年 03 期，頁 4-25。
章本義、吳國榮：《蘇州盆景》（南京：江蘇人民出版社，1981 年）
許舒：《新界百年史》（香港：中華書局，2016 年）
許霖慶：〈香港花木產銷 30 年回顧〉，《中國花卉園藝》，2018 年第 19 期，頁 24-27。
陳定如、劉念、庄雪影編：《嶺南盆景植物》（廣州：廣東科技出版社，2015 年）
陳金璞、劉仲明編：《嶺南盆景傳世珍品》（廣東：廣東科技出版社，1998 年）
陳思甫：《盆景椿頭蟠紮技藝》（成都：四川人民出版社，1982 年）
陳國成：《香港地區史研究之三：粉嶺》（香港：三聯書店，2019 年）
陳習之、林超、吳聖蓮編：《中國山水盆景藝術》（合肥：安徽科學技術出版社，2013 年）

傅珊儀、姚乃恭：〈盆景展覽與盆景事業的發展〉，《花木盆景（花卉園藝）》，1994 年 04 期，頁 4。
傅珊儀：〈中國盆景發展的新趨勢〉，《中國花卉盆景》，1985 年 09 期，頁 18-19。
彭春生、李淑萍：《盆景學》（武漢：花木盆景雜誌社，1988 年）
曾憲燁、馮龍生：〈勇於創新的香港盆景〉，《廣東園林》，1998 年 03 期，頁 6-8。
游文亮編：《中州盆景藝術：雜木類樹樁盆景的製作與養護》，（鄭州：河南科學技術出版社，2000 年）
程中山：〈開島百年無此會：二十年代香港北山詩社研究〉，《中國文化研究所學報》，53 卷（2011 年 7 月），頁 279-309。
程美寶：《地域文化與國家認同：晚清以來「廣東文化」觀的形成》（香港：三聯書店，2018 年）
黃振威：《番書與黃龍：香港皇仁書院華人精英與近代中國》（香港：中華書局，2019 年）
黃景離等編：《盆景》（西安：陝西科學技術出版社，1980 年）
楊榮泉：〈淺談嶺南樹樁盆景藝術的創新發展的途徑〉，《廣東園林》，1993 年 02 期，頁 21-23。
葉健民：《特區管治的挑戰》（香港：香港城市大學出版社，2017 年）
葉靈鳳：《香港方物志（彩圖版）》（香港：中和出版，2017 年）
葛凱（Karl Gerth）：《消費中國：資本主義的敵人如何成為消費主義的信徒》（臺北：臺灣商務，2021 年）
雷東林、周武忠和蔣長林編：《盆景製作技法與鑒賞》（北京：中国农业出版社，1999 年）
趙慶泉：《中國盆景造型藝術分析》（上海：同濟大學出版社，1989 年）
趙慶泉編：《揚州盆景》（北京：中國林業出版社，1999 年）
劉少紅：〈靜將流水對 高共遠峰齊 —— 記著名盆景藝術家韓學年〉，《花木盆景（盆景赏石）》，2011 年 07 期，頁 4-9。
劉仲宇：〈一景一木寓道心 —— 香港青松觀盆景藝術鑒賞〉，《中國宗教》，1998 年 2 期，頁 32-34。
劉仲明、劉小翎：《嶺南盆景造型藝術》（廣州：廣東科技出版社，1998 年、2003 年）
劉仲明：〈香港嶺南盆景藝術之我見〉，《廣東園林》，1998 年 03 期，頁 5-8。

劉仲明：〈嶺南盆景造型藝術 嶺南盆景發展概況（二）〉，《花木盆景（盆景賞石）》2009 年 02 期，頁 54-55、57。
廣州盆景藝術研究會編：《廣州盆景》（廣州：盆景藝術研究會，1962 年）
歐永森：〈一個香港商客對目前國內花卉行業發展的看法〉，《中國花卉盆景》，1994 年 11 期，頁 4-5。
潘傳瑞編：《成都盆景》（成都：四川科學技術出版社，1985 年）
蔡壯雄：〈中國盆景藝術在國外〉，《中國花卉盆景》，1986 年 08 期，頁 2。
蔡壯雄：〈盆栽花紅紫荊獲香港花展冠軍〉，《廣東園林》，1989 年 02 期，頁 41。
蔡思行：《戰後新界發展史》（香港：中華書局，2016 年）
鄭宏泰、黃紹倫：《山巔堡壘：何東花園》（香港：中華書局，2012 年）
鄭宏泰：《彌敦道上：金光舊夢換新顏》（香港：中華書局，2021 年）
蕭鳳霞：〈傳統的循環再生：小欖菊花會的文化、歷史與政治經濟〉，《歷史人類學刊》，1 卷 1 期（2003 年 4 月），頁 99-131。
謝保昌、吳偉廷編：《花卉與盆景》（廣州：廣東科技出版社，1992 年）
謝榮耀：〈嶺南文化的一顆璀璨明珠——嶺南盆景 60 年〉，《廣東園林》，2010 年 01 期，頁 66-69。
鍾寶賢：《香港影業百年》（香港：三聯書店，2004 年）
蘇本一：《蘇本一談盆景藝術》（合肥：安徽科學技術出版社，2001 年）
蘇放：〈中國盆景藝術家協會即將組團出訪〉，《中國花卉盆景》1992 年 12 期，頁 2。

II. 英文

Chan-Yeung, Moira M W,*A Medical History of Hong Kong: 1842–1941* (Hong Kong: The Chinese University Press, 2018) .
Chidamian, Claude, *Bonsai: Miniature Trees* (Princeton, Toronto, London and New York: D. Van Nostrand Company, 1955).
Chiu, T. N and C.L. So, ed, *A Geography of Hong Kong* (Hong Kong, Oxford University Press, 1983).
Cowell, Christopher, “The Hong Kong Fever of 1843: Collective

Trauma and the Reconfiguring of Colonial Space," *Modern Asian Studies*, Vol. 47, No.2 (March 2013), pp. 329-64.

Donovan, Dorothy-Ann & Marc Lord with David Easterbrook, *Bonsai, Penjing: Collection of the Jardin botanique Bontanical Garden* (Montreal: Marcel Broquet, 1985).

Elliott, Brent, "Flower Shows in Nineteenth-Century England," *Garden History,* Vol. 29, No. 2 (Winter, 2001), pp.171-84.

Hawley, Doug, "History of the ABS and Bonsai in America, Part 1: 1800's through 1967," *Bonsai: Journal of the ABS,* Vol. 51, No. 1 (2017), pp. 6-19.

Herbert, Eugenia W, *Flora's Empire: British Garderns in India* (Philadelphia: University of Pennslyvania Press, 2011).

Hills Peter, "Environmental Impact Assessment and New Town Planning in Hong Kong," *Landscape and Urban Planning* 14(1987), pp.253-273.

Pui-yin Ho, *Making Hong Kong: A History of Its Urban Development* (Cheltenham, Uk and Northampton, MA: Edward Elgar Publishing, 2018).

Hull, George F, *Bonsai for Americans: A Practical Guide to the Creation and Care of Mimiature Potted Trees* (New York: Doubleday & Company, Inc., 1964).

Jim, C.Y, "Status and Prospects of Environment Protection in Hong Kong," *The Environmentalist*, Vol 12, No. 1(1992), pp.29-46.

———— "The Country Parks Programme and Countryside Conservation in Hong Kong." *The Environmentalist*, Vol. 6, No. 4 (1986), pp.259-270.

Larkin, H.J, *Bonsai for Beginners: The Arts of Growing Miniature Trees*. (New York: Arco Publishing Company, Inc., 1968)

Long, Charles R, "The Informal History of Bonsai," *Arnoldia*, Vol. 31, No. 5 (September 1971), pp. 261-73.

McClellan, Ann, *Bonsai and Penjing: Ambassadors of Peace & Beauty* (Tokyo, Rutland, and Singapore: Tuttle Publishing Company, 2016).

Peckham, Robert, "Hygienic Nature: Afforestation and the Greening of Colonial Hong Kong," *Modern Asian Studies*, Vol.

49, Iss.. 4, (July 2015), pp. 1-33。

Pipe, Ann Kimball, *Bonsai: The Art of Dwarfing Trees* (New York: Hawthorn Books, Inc., 1964).

Stowell, Jerald P, *Bonsai: Indoors and Out* (Princeton, New Jersey, Toronto, New York, and London: D. Van Nostrand Company, Inc., 1966).

Webb, Richard, "The Use of Hill Land for Village Forestry and Fuel Gathering in the New Territories of Hong Kong," *Journal of the Hong Kong Branch of the Royal Asiatic Society,* Vol. 35 (1995), pp.143-153.

Yashiroda, Kan, *Bonsai, Japanese Miniature Trees: Their Style, Cultivation and Training* (Newton, Massachusets: Charles T. Branford Company, 1960).

———— *Handbook on Bonsai: Special Techniques*. Brooklyn: Brooklyn Botanic Garden, 1966.

————*Handbook on Dwarfed Potted Trees*. Brooklyn: Brooklyn Botanic Garden, 1959.

————*Handbook on Japanese Gardens and Miniature Landscapes*. Brooklyn: Brooklyn Botanic Garden,1968.

Yip, Ka-che, *Disease, Colonialism, and the State: Malaria in Modern East Asian History* (Hong Kong: Hong Kong University Press, 2009).

5、網上參考資料

王友琴：〈張春橋幽靈〉，轉載自《民間歷史檔案庫》，http://mjlsh.usc.cuhk.edu.hk/default.aspx，瀏覽日期 2022 年 2 月 1 日。

"Wong Tong Kee（黃棠記）– the Timber Merchant and the Mansion," 載於 The Industrial History of Hong Kong Group 網站，https://industrialhistoryhk.org/wong-tong-kee-%E9%BB%83%E6%A3%A0%E8%A8%98-the-timber-merchant-and-the-mansion/，瀏覽日期：2022 年 7 月 16 日。

邢福增：〈香港基督教文字出版事業：戰前篇〉，載於基督教出版聯會網站，http://acp.org.hk/christian-publishing-industry-1/，瀏覽口期：2022 年 7 月 16 日。

〈侯寶垣觀長簡介〉，載青松觀網站，http://www.daoist.org/

haobohung_profile.htm，瀏覽日期：2022 年 8 月 5 日。
"National Bonsai and Penjing Museum" 載於 https://www.doaks.org/resources/cultural-philanthropy/national-bonsai-and-penjing-museum，瀏覽日期：2022 年 7 月 13 日。

6、訪問

何頌衡及何芷穎：〈與藍戊發先生及凌略先生的訪問記錄〉，訪問日期：2021 年 6 月 9 日。
何頌衡及何芷穎：〈與周和來道長的訪問紀錄〉，訪問日期：2021 年 12 月 11 日。
何頌衡及何芷穎：〈與黃靜儀女士的訪問記錄〉，訪問日期：2021 年 7 月 7 日。
何頌衡及何芷穎：〈與伍步功先生的訪問記錄〉，訪問日期：2021 年 6 月 25 日。

些子往事：香港的盆景藝術與文化史

何頌衡　何芷穎 著

責任編輯：何宇君
裝幀設計：簡雋盈
排　　版：陳美連
印　　務：劉漢舉

出　版　中華書局（香港）有限公司
香港北角英皇道 499 號北角工業大廈 1 樓 B 室
電話：(852) 2137 2338 傳真：(852) 2713 8202
電子郵件：info@chunghwabook.com.hk
網址：http://www.chunghwabook.com.hk

發　行　香港聯合書刊物流有限公司
香港新界荃灣德士古道 220-248 號荃灣工業中心 16 樓
電話：(852) 2150 2100 傳真：(852) 2407 3062
電子郵件：info@suplogistics.com.hk

印　刷　美雅印刷製本有限公司
香港觀塘榮業街 6 號 海濱工業大廈 4 樓 A 室

版　次　2023 年 2 月第 1 版第 1 次印刷
© 2023 中華書局
規　格　16 開（210mm×152mm）

ISBN　978-988-8809-10-3